阅读成就思想……

Read to Achieve

智能化生存
万物互联时代启示录

[比] 彼得·汉森（Peter Hinssen）/ 著
周俊 孙倩倩 杞万村 / 译

THE NETWORK ALWAYS WINS
How to Influence Customers, Stay Relevant, and
Transform Your Organization to Move Faster than the Market

中国人民大学出版社
· 北京 ·

图书在版编目（CIP）数据

智能化生存：万物互联时代启示录／（比）彼得·汉森（Peter Hinssen）著；周俊，孙倩倩，杞万村译．— 北京：中国人民大学出版社，2017.9
ISBN 978-7-300-23972-9

Ⅰ.①智… Ⅱ.①彼… ②周… ③孙… ④杞… Ⅲ.①互联网络－应用－企业管理－研究 Ⅳ.① F272.7

中国版本图书馆 CIP 数据核字（2017）第 016915 号

智能化生存：万物互联时代启示录
［比］彼得·汉森（Peter Hinssen） 著
周 俊 孙倩倩 杞万村 译
Zhinenghua Shengcun : Wanwu Hulian Shidai Qishilu

出版发行	中国人民大学出版社		
社　　址	北京中关村大街 31 号	邮政编码	100080
电　　话	010-62511242（总编室）	010-62511770（质管部）	
	010-82501766（邮购部）	010-62514148（门市部）	
	010-62515195（发行公司）	010-62515275（盗版举报）	
网　　址	http://www.crup.com.cn		
	http://www.ttrnet.com（人大教研网）		
经　　销	新华书店		
印　　刷	北京中印联印务有限公司		
规　　格	170mm×230mm　16 开本	版　次	2017 年 9 月第 1 版
印　　张	14.5　插页 1	印　次	2017 年 9 月第 1 次印刷
字　　数	170 000	定　价	59.00 元

版权所有　　　侵权必究　　　印装差错　　　负责调换

前 言

THE NETWORK ALWAYS WINS
How to Influence Customers, Stay Relevant,
and Transform Your Organization to Move Faster than the Market

网络为什么至关重要

孩提时代,我一度对地图非常着迷。我喜欢在地图上看山河湖海、城镇街道的布局。我惊喜地发现,从小小地图上的界限变化可以看出整个世界历史的演变。当然,最近我还惊奇地发现,古代制图员也会犯错。

我最喜欢的例子之一是以前在地图上标注加利福尼亚州的方式。这种方式在我童年时期就已存在了很长一段时间,以至于旅行者们都认为加州是一个与美洲大陆分开的岛。

在各种各样的地图中,我尤爱道路地图,从宽阔的城市大道、快速便捷的铁路和高速公路,到偏僻曲幽的乡间小路都一一标注,犹如《指环王》(*Lord of the Ring*)中约翰·罗纳德·瑞尔·托尔金(J.R.R.Tolkien)画出的错综复杂的地图,引导你跟着欢乐的小队踏上前往摩多的旅程。

按照霍比特人的习惯继续前进,当你更仔细地观察地图的布局时,就会发现许多道路交汇形成了交通网络。从这些城市运行的基础设施的主次和走向,我们可以解读出这个区域的经济实力及影响力的辐射范围。你可以看出哪座城市是经济圈的中心,哪座城市是外围。由此,你还可以判断出一座城镇的影响力，即它主要的经济动脉及主干道，以及城镇是如何影响、促进并为附近城镇和村庄提供供给的。

现在，我在钻研谷歌地图和谷歌地球方面花了相当长的时间。我特别喜欢浏览我曾去过或将要前往的地方的布局，迷恋于复杂而又美丽的道路和沟渠，以及公路和高速公路的纷乱，这些都是人类劳动的成果。

当遇到高山和湖泊、火山和港湾、平原和悬崖时，我们无法改变这些地貌，但其他的一切我们都可以改变。例如，我们创造了一些能够承载汽车、火车、卡车、船舶、公交车、自行车以及行人的网络，那里并没有什么伟大的计划，而是经过无数次曲折反复，最终形成了如随机碎片般复杂的交通网。

当然，万事都有例外。德国高速公路则是通过一个宏大计划实施的，美国的高速公路系统①也是沿用同样的想法。这些道路比其他自然形成的基建显得更加合理，且它们的影响也是巨大的。美国高速公路系统在推动美国成为世界超级经济体及高度工业化国家方面功不可没。

你会发现，在美国这样的新型经济体中，城市规划更具结构性和条理性，如纽约和芝加哥这样的城市规划都以网状布局展开。在纽约找到第57街与第5大道路口的拐角处，要比在马德里找到兰萨罗特大道和尼加拉瓜街的交叉口容易得多。

经过数百年甚至数千年，这些网络不断扩展并把城市和村庄联结在了一

---

① 美国官方称德怀特·艾森豪威尔国家州际和国防高速公路系统（Dwight D. Eisenhower National System of Interstate and Defense Highways），之后在1956年，美国总统签署文件使之成为法律，这个系统遍布全美并由从北到南（奇数路号）和从东到西（偶数路号）的高速路组成。这个系统花费了35年以及数百亿美元才完成，实际上，它是"自金字塔后最耗钱的公共工程"。它总长为47 000英里（约合75 639千米）。

起，与此同时，我们经济发展的生命线也逐渐形成了，可我们却很少意识到这点；相反，只有当这些路网的功能跟不上社会发展，导致交通拥堵、出行不便，大家开始诅咒这些可恶的道路、交通信号灯或者分流措施的设计者时，才会引起人们的关注。

然而，事实却是这些基础设施网络是我们经济繁荣的心脏。员工们上班、孩子们上学、设备进厂，以及易贝（eBay）货物送到你家门口都离不开这些路网。如果没有这些网络，那经济将会消失，也没有全球化，更没有财富和繁华。

然而，今天地图上的道路的功效仅展现出冰山一角。它们是我们人类经济社会中不可分割的一部分——正如尼古拉斯·尼葛洛庞帝（Nicholas Negroponte）[①]在书中所预言的"原子通道"。

今天，还有以下这些我们用肉眼看不见却附着在可见网络上的数不清的隐形网络：

- 可以联结人、手机、平板电脑及其他设备的无线网络；
- 向全球播放音乐和视频的广播电视网络；
- 联结卫星、为大陆及偏远地区传送信号的电信网络；
- 从海边风力发电厂送电入户，或者从核电站输入工厂的电力网络；
- 以惊人速度转发信息和知识的信息网络。

观望地球，我们看到的人造基建网络是历经数百年才完成的。如果你能看到在此之上的通信网络，你就会发现一层又一层的网络叠加在一起，人类

[①] 尼葛洛庞帝在其1995年出版的畅销书《数字化生存》（*Being Digital*）中曾预言过社交互动界、娱乐界以及信息界最终将融为一体。

经过上一世纪的不断改造，使其达到了一个复杂而又精妙的水平。所有这些都是人类意志的表现，也是人类文明共同努力的结果。

我一直痴迷于网络的绝对力量与单纯。

因此，本书为网络而写：为什么在我看来，网络是人类进步最根本的推动力，以及为什么我们必须要了解网络，才能在下一个时代生存下来。

我相信网络会赢，网络不败。

我们正见证着人类社会颠覆性的变革。包括我自己在内，许多人一开始以为这场变革源自数字技术，从而让我们能够见证新时代的到来，这个新时代是以数字原生代引领未来以及蹒跚男童摆弄着iPad的海报画面为标志的。然而，我们都错了。

新时代的到来并非因为数字技术，而是因为网络。

我们眼前所发生的一切都是与其他事物互联的。信息在网络中正以越来越高的强度运行，而这完全颠覆了旧时代。传统意义上的市场正在消失，网络中的顾客信息成为市场的核心部分。如果外面的世界形成了网络，那企业只有去仿效。

总之，如果你能真正了解网络，那你将知晓未来。

关于网络常胜

在本书中，我们将探讨成为网络化组织意味着什么，以及它将如何影响那些把网络视为生活中不可或缺的顾客的行为，而不是把这些人视为市场被动接受的目标。我们将研究如何赶上网络思维的速度，以及如何变革自己的组织，才能在智能时代保持适应能力。

本书将会就以下三方面的内容进行更深入的探讨。

速度。当市场变化的速度超出你所能掌控的速度，甚至你尚未察觉市场就发生了改变，那么你将面临怎样的困境。面对这样的情形，即便你没有全面了解或完全控制，也要快速做出反应。

顾客。如果顾客停止单纯的购买而开始在网上互动，以及当市场不再是市场而成为智能网时，将会导致怎样的变化。

组织。如果我们不得不改变企业内部以适应前所未有的、快速变化的市场时，将会出现怎样的情况。我们必须在组织内部接受并运用好此类网络思维。

本书的观点并非耸人听闻。我撰写本书的目的只是让你更加警觉——睁大眼睛看清这一给我们社会带来巨变、深刻影响世界商业并极大改变我们组织构建的模式到底是什么。

这是一本真正的自救指南，传授给你新法则，如新模式、新文化和新行为，以及当市场急速向智能化转变后，你应当如何彻底改造自己的公司。

这不是一本有关技术的书，本书不会研究网络技术方面的内容，如 TCP/IP 数据包路由或 4G 无线网，因为这是一本商业图书。

我们在书中多少会探讨一些物理和数学问题。一是，这些话题相当精彩；二是，它们会让你在读一本包含公式的书时不会感到很枯燥。

但最重要的是，这是一本阐述我们周围及世界正在发生改变的书，一本关于我们以及我们的孩子们如何才能在一个信息无处不在的世界上生存的书。我们必须弄清楚，如何逐渐废除我们现有经济支柱的产业结构，并重新思考公司、组织以及社会如何发挥作用。也许，理解未来的答案就在我们眼前。我们只需关注自己并观察我们建立的网络即可。

在《新常态》中犯的错误

我对 S 型曲线非常着迷。一个典型的 S 型曲线由两个非常有意思的部分组成。首先，S 型曲线坡度很缓，之后突然开始加速并呈指数增长。就像最近智能手机用户的增加，或 Facebook 用户数量的增加一样，速度增加并以指数级增长。这势头好像永远不会停止。

但神奇的一幕突然发生了，势头很快就翻转了。S 型曲线开始减速，增速依然很快，但它是朝着与第一部分相反的方向运动，而且当运动到第二部分时，会在增长最终结束的地方稳定下来。

许多行业就具有如上所述的现象。一项非常出色的 S 型曲线研究是由卡萝塔·佩蕾丝（Carlota Perez）完成的，卡萝塔·佩蕾丝是一位技术专家及作家。她将 S 型曲线模型成功地应用到了铁路建设、汽车制造、产业革命、电力增长，以及计算机处理能力的增长上。

S 型曲线的这两个部分正是吸引我注意力的地方。我在《新常态》(The New Normal) 这本书里写过数字化上升，当数字化经过中点后开始呈现稳态时，换句话说，这就是数字化沿着 S 型曲线的路径。

一开始，当数字化还是一个新事物时，它的增长是缓慢的。只有那些真正的书呆子们会全身心投入到研究原始的微型计算机中，如苹果Ⅱ、准将C64（Commodore 64）机，以及雅达利（Atari）机。平常人看他们时往往会带着可怜和蔑视的眼光。

紧接着，市场忽然火爆起来，并开始提速，忽然间每个人都有了一台计算机：一开始是台式机，然后是笔记本电脑，现在就成了平板电脑。而数字化已然成为一种常态，一些老人依旧记得那个数字化还只是个意义深远的形容词的时代，而年轻人却早已忘记。一切都已数字化，除了模拟器。

然后，市场就进入到了S型曲线的第二部分，即数字化成为常态的世界。无法适应的企业将会被由谷歌和Twitter主宰的世界淘汰，在数字化飞速发展的领域中，某些企业很快就暴露出迟钝与呆板的痼疾。

《新常态》就是一本描述数字化成为常态后，如何向数字化世界转型的书。

这也让我与S型曲线结下了不解之缘。现在，我相信世界不仅仅是数字化的，这是一种超越苹果手机、Spotify公司以及Facebook的方式。技术只是市场快速翻转的一个例子，而数字化仅仅是开胃菜。

这里的"翻转"是一个广义概念，泛指市场比企业行动更快时会发生什么。

一言以蔽之，这本书是讲如何适应这种转变的。

目 录

THE NETWORK ALWAYS WINS
How to Influence Customers, Stay Relevant,
and Transform Your Organization to Move Faster than the Market

第 1 章　充满变数的时代　　　1

　　万物理论　　　4
　　兰德公司：寻找终极模型　　　5
　　踏入未知的领域　　　8
　　VUCA 的世界　　　10
　　为 VUCA 时代开出的一剂良方：VACINE 策略　　　13

第 2 章　速度，以及为什么相对论至关重要　　　19

　　时间简史　　　21
　　速度空前的时代　　　22
　　时钟速度　　　24
　　时钟速度谜题　　　26
　　相对论　　　27
　　突破音障　　　28

第 3 章　线性已亡　　　31

　　追求简约　　　34
　　线性系统　　　35
　　动态系统　　　36

系统的新语言	38
复杂适应系统	40
熵	41
薛定谔的猫	42
还是很沮丧吗	43
网络时代	44
复杂系统的核心词汇	45
无尺度网络	47
总结	49
媒体如何发现网络	50

第 4 章　信息开始流动　　57

迪士尼的小小魔法世界	59
信息流动起来了	62
信息论之父——克劳德·香农	64
赌徒谬论	69
信号和噪声 2.0 版	70
战争中的数学应用	73
图形统治世界	74
富人俱乐部	77
利用网络的力量	79
组织内部的拓扑结构	84
网络时代的教育	85

第 5 章　当市场不再像个市场　　97

装订书的诞生	100
最初的快艇	102
市场营销的（旧）核心	103
市场被顾客接管	105

现实中的《广告狂人》	108
从 Firefly 公司到亚马逊公司	112
奈飞公司的二次生命	115
爆米花实验与潜意识品牌术	118
恐惧、信任和荷尔蒙：情感对潜意识的影响	120
营销的未来	122
建立营销的"动物园"	130
当市场翻转之后	131
健康网络化时代	132

第 6 章　当组织成为创新的网络　　　　141

N 世代	144
组织架构对企业未来发展的制约	146
重塑未来的职业	148
网络时代下的组织将何去何从	153
组织的二象性：体系与网络并存	154
康威定律	157
建立流动型组织	159

第 7 章　创造与毁灭　　　　161

打破基业长青的光环	163
硅谷的基石之一：熊彼特的创造性破坏	165
硅谷的基石之二：凤凰在灰烬中涅槃	**167**
企业的进化历程	170

第 8 章　网络时代的战略　　　　175

缓慢死亡的乐趣	178
为什么有的企业是流动的，而有的则是僵化的	180
流动性和初创企业	182

组织的热动力循环　　　　　　　　　　　　185
　　三位一体的大脑　　　　　　　　　　　　187
　　企业的三位一体网络　　　　　　　　　　189
　　为什么初创公司拥有魔力　　　　　　　　191
　　产业的颠覆者　　　　　　　　　　　　　194
　　用网络对抗网络　　　　　　　　　　　　195
　　企业智能化生存的黄金准则　　　　　　　197
　　企业商业模式的颠覆性浪潮　　　　　　　202

后记　万物互联时代的到来　　　　　　　　205

　　来自无人驾驶的启示　　　　　　　　　　207
　　万物的网络　　　　　　　　　　　　　　210
　　流向未来　　　　　　　　　　　　　　　212

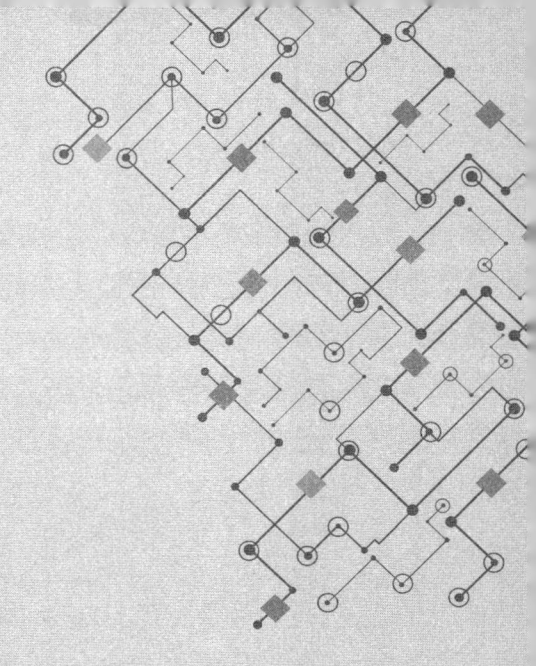

第 1 章

充满变数的时代

> 要在一个连战略的制定都变得流动起来的世界中生存,并建立一种勇于尝试的文化,那直面危机就成了必修课。

我们渴望构建一种能够描述市场、顾客及组织等世界万物的模型，并利用它为未来制定完美的战略。但很不幸，那是做不到的，而且永远都做不到。未来具有 VUCA 特性，即波动性（volatility）、不确定性（uncertainty）、复杂性（complexity）和模糊性（ambiguity）。因此，没有哪个模型能够永远适用；相反，我们必须努力保持敏捷、行动迅速，通过模拟公司网络来培养创造性思维，同时接受这种敢于尝试的文化。

众多企业的圣杯是建立一个"终极知识工具"上的——那是一个神奇的表格，企业希望用它建立一个包罗万象的企业模型。若是这样，企业只需要将业务往来、对顾客行为的洞察以及有关市场趋势的相关内容输入到这个熠熠生辉的企业模型中，就能制定出完美的战略来。

然而，至今还没有人能够设计出这样完美的表格，也没有人找到过这样的圣杯，但这并不意味着两千年来人们放弃过对它的追寻。同样地，企业也一直在孜孜不倦地追寻着完美战略。

事实上，有关战略的书籍应该是管理类图书市场中利润最为丰厚的，创新类图书次之。这是因为人们意识到，想要生存下去，就必须紧跟那些时代潮流的引领者。排在第三名的是自助类书籍，这类图书的读者群主要是那些郁郁寡欢的生意人，他们已从失败和教训中学到，世上根本没有终极战略或创新魔法。

万物理论

人类似乎特别着迷于建立模型。我们努力使用公式、概念及机制来建立模型，并以此理解事物运行的原理。物理的历史就是人类几千年来努力弄明白深奥的"万物理论"，并用之来解释万物的过程。

物理学界依然在孜孜不倦地想要弄明白这个理论。每当物理学家们认为他们已经搞定它时，他们就会发现还需要进一步深入研究，建更多的模型，就像俄罗斯套娃一样一个套着一个。牛顿的物理定律已相当有成效，它解释了从星球运行到苹果落地的所有事情。可以说，这已经相当完美了，然而也只是"相当"而已，因为当遇到非常小的或如光等速度非常快的事物时，这些定律就不再适用了，取而代之的分别是量子力学和相对论。我们对物理了解得越深入、对宇宙的运转了解得越多，我们就越需要适当地调整我们的"模型"。

医学家们已经为人类了解自身的身体努力了数个世纪。不可否认的是，现在的医学专家确实比那个进行放血及切除脑叶治疗的时代的人们更加了解我们身体的构造，但是我们与那个能够给大脑建模的时代依然相距甚远。作为生而执着的种群，人类在其能够为大脑灰质层建立终极模型之前，是不会停止追寻的步伐的。

在商业领域中,我们也努力为所有事物建立模型。数年来,经济学家已经为市场、公司、流程等事物建立了模型。人们也在努力建立可以解释市场行为以及气候变化的模型,他们甚至还尝试建立"万能模型"。

兰德公司:寻找终极模型

我一直对兰德公司(RAND Corporation)非常关注。这家位于加利福尼亚州的圣塔莫尼卡的秘密组织在第二次世界大战后创立,由美国国防部组建,更确切地说是由美国空军创建的。当时的美国空军自认为比其他军种更加先进,并已与其他军种剥离开。其他军种拥有士兵及坦克,但空军却拥有从飞机到核技术所有更酷的装备。为保持这种优势,特别是保持核战略方面的优势,空军需要建立一个研究机构。这就是创建兰德公司的初衷。

兰德公司的"兰德"一词是英文"研究和发展"(Research and Development)的缩写,公司成立于1946年,其主要任务是为美国空军提供未来武器系统方面的长期规划。也就是说,在冷战时期,兰德公司的任务就是为核战争做计划。

就像之前的曼哈顿项目一样,兰德公司聘请了当时地球上最聪明的人,其中包括30多位诺贝尔奖获得者。创立之初,兰德公司就招募了顶级的科学家、数学家及物理学家,他们都相信存在一个终极模型,并且最终会有机会运用数学来重塑宇宙及未来。

20世纪50年代是兰德公司激情燃烧的岁月,它带着最激进的"自由世界"思想,去弄清楚该如何保持自由,即赢得一场核战争。

赫尔曼·卡恩（Herman Kahn）是兰德公司极具传奇色彩的人物之一。导演斯坦利·库布里克（Stanley Kubrick）在其1964年出品的电影中，也称他为"奇爱博士"（Dr. Strangelove），从而让赫尔曼·卡恩名垂千古。

赫尔曼·卡恩生于新泽西，其父母是来自东欧的犹太移民。他在旧金山长大，后被加州大学洛杉矶分校（UCLA）录取，并在那里取得了物理学学位。随后他在加州理工学院（Caltech）攻读博士学位，但迫于经济原因（不是因为天分不够）而被迫离开。据传他是有史以来IQ测试中得分最高的人。卡恩是美国中子弹的发明者塞姆·科恩（Samuel Cohen）的朋友，科恩向兰德公司推荐了卡恩。1947年，卡恩被兰德公司录用。这对卡恩来说，在兰德公司工作简直就是如鱼得水。

很快，他以其独特的风格成为兰德公司重要的一员。他是一个主持达人，可以持续两天进行长达12小时的演讲，并擅长在演讲中使用大量的图表和幻灯片。

十几年来，卡恩开发了一种被称为系统分析的新技术，可以为某个战略问题建立最完美的模型。这种技术会首先进行分析，然后合成一个可以测试不同情形的完美模型。这里的"分析"（analyze）和"合成"（synthesize）两个词来源于希腊语，它们的意思分别是"拆分"和"合并"。卡恩将这一方法用于分析核战略。其结果就是得到一个关于冷战的模型。该模型不仅可以预测与苏联进行终极游戏的结果，甚至还可以计算出游戏的成本。

对于卡恩来说，这更像是在玩一场具有特大风险的游戏，只不过他在进行分析时使用了功能强大的计算机，同时此模型对现实中的核战略有着巨大的影响。而这场游戏的确令人不寒而栗。通过将核弹与雷达系统的数量以及机场和导弹的位置输入该模型中，卡恩不仅可以计算出多种核战情形下的平民死亡数量，还可以准确地计算出有多少座城市会因此消亡，以及会有多大的附带损伤。与此同时，卡恩还计算了会有多少亿人口在一场全面核战争中丧生。卡恩的冷战模型产生的影响很直接，好几亿美元划拨给了美国国防部。

1960年，赫尔曼·卡恩终于出版了自己的巨著——《论热核战争》(*On Thermonuclear War*)，该书名参考了19世纪卡尔·冯·克劳塞维茨（Carl von Clausewitz）的经典著作——《战争论》(*On War*)。然而，卡恩的老板认为其太过偏狂，并告诉他那本书"应该烧毁"。不过，那本书却道出了兰德公司对所建模型惊世骇俗的观点。《论热核战争》一书在出版的头三个月就售出14 000册，并在苏美两国都获得了很高的人气。苏联《真理报》(*Pravda*)强烈谴责这本书，称兰德公司为"科学和死亡的研究院"。与之相反，美国前国务卿亨利·基辛格（Henry Kissinger）却是本书以及卡恩的粉丝。

卡恩所建的模型惊人的地方在于它描述了一个核战后的世界——基于不同情况，要么有数亿人丧生，要么"仅有"少数几座重要的城市被摧毁。卡恩认为生活将会继续，并且"生者不会羡慕逝者"。正如欧洲在经历14世纪黑死病致命影响后继续成功发展一样，卡恩相信人类会处理好战后，并继续繁衍下去。

不难理解，人们对卡恩的理论存在很大的争议。不仅仅是因为他用此模型去预测核战后的世界，还有就是他为大毁灭纪元而提出的难以置信、极具煽动性的方案。例如，他建议将食物按照其放射性物质含量进行分级。放射性含量最高级的食物应首先供给年长者食用，因为他们可能会在放射性所引起的延迟性发作的癌症到来之前就去世了。尽管卡恩是一位核武器的煽动者，但他首先是一位科学家，并且在20世纪50年代，人们普遍都相信美国和苏联之间会有一场核武器竞赛。

如卡恩所言，他正在"努力设计一个有能力应付在未来5~15年内会出现的任何意外的系统"。不同之处在于，兰德公司在努力预测世界究竟会如何演变——这恰恰是所有追求"终极表格"圣杯的公司所要努力做的。

卡恩充分利用了数字计算机升级的优势，这些计算机有能力处理那些数据，运行那些模型，最终将剔除人类因素。确切地说，在预言核战后会有数亿人死亡的前提下，人类因素在做出选择的过程中经常会受到干扰。正如卡恩所说，"在如此情形下，称职而诚实的人往往会做不好"。

那么，现在我们就遇到了问题的核心。我们似乎在着手建立这样的终极模型——引导我们找到终极战略并将人类因素排除在做决策之外。

卡恩认为，如果计算机能够更加高效，科技能够更加发达，那他就可以建立更好的模型并得到更接近于圣杯的终极模型。实际上，计算机系统的性能在那个时代正得到跳跃式的发展。卡恩注意到"此技术在过去的 20 年里处于以指数级速度发展的状态"。但他浑然不知的是，根据摩尔定律（Moore's Law）[1]，这个指数级曲线才刚刚开始。

卡恩还知道，为这些新计算机系统工作的技术人员们既会高估自己将这些新想法应用于未来的能力，也会低估技术对未来的长期影响。

踏入未知的领域

1960 年以后，卡恩因和兰德公司闹翻而离开兰德公司，并成立了哈德森

---

[1] 摩尔定律描述了集成电路上单位面积可容纳的元器件的数目大概每两年翻倍一次。这个定律首先是由英特尔公司联合创始人戈登·摩尔（Gordon Moore）提出来的，他在 1965 年发现了这一现象。将这个周期缩短为 18 个月的功劳应该属于英特尔总裁大卫·豪斯（David House）。

研究所（Hudson Institute），该研究所坐落在纽约州的哈德森河畔。按照他的话说，哈德森研究所将成为"高级版的兰德公司"。1967年，卡恩在哈德森研究所发表了一篇精彩的报告——《2000年：对下一个33年的概览》（*The Year 2000*: *A Framework for Speculation on the Next Thirty-Three Years*）。在报告中，他描述了100种很可能出现的科技创新。其中包括：

74. 计算机的广泛业务；
81. 个人传呼机（甚至可能会有口袋电话）；
84. 家用电脑，可以在家用并能链接外部世界。

如果你认为比尔·盖茨或史蒂夫·乔布斯发明了家用电脑，或者知道有了万维网才能想象互联网这样的东西，那你就该面壁思过了。卡恩有着惊人的洞察力，甚至是预言能力，例如他在报告中提到的第67项是"页岩油商业化开采"。他是一位真正的天才，许多人因其制造的争议而不喜欢他，但他确实是一位真正的建模先驱者。很可惜他在1983年去世，享年61岁。

同时，赫尔曼·卡恩也看到了模型的局限性——它们只能做那么多。他还对战争史着迷，并对第二次世界大战期间，法国在对德国作战中所犯的错误非常感兴趣。用他的话说："当时，法国拥有比德国更多、更好的坦克，差不多数量的飞机，鉴于它们的防御系统，似乎也还算是好军队。德国人只是在不确定因素方面更胜一筹。"关于不确定因素，字典的定义是"那些很难或不可能预测的"。换句话说，就是无法知道的。正如卡恩所描绘的，按照传统惯例，在第二次世界大战来临时，德国不会有机会对抗法国，但德国人在1940年5月10号通过侵犯中立国比利时，避免了正面进攻著名的马奇诺防线，从那个方向进攻，就如一把利刃插入法国内部。到了6月22号，他们已经侵占了法国的绝大部分领土，然后法国就投降了。这场入侵没有按照任何模型进行规划，但精明地使用了出其不意这一招。这是法国人万万没想到的。

最后卡恩还认识到，模型始终是模型，不管用多么强大的计算机也不能预言每一个不确定项。他最后告诉美国国防部："最重要的是使我们的军事能力要保持最大的灵活性，并拥有众多不同的选项以应对各种紧急情况。"换句话说，就是通过保持尽可能多的选项以备未知。这就是那些强大模型所能做的。

如果冷战后你再来回顾当初的那些军事战略（当然那是由像兰德公司这样的军事智囊贡献的），就会发现这些计划制订者已经开始严肃对待不确定性事件了。实际上，这些战略很大部分都是完全基于对这个世界不确定性的认识上。

如今，不确定性因素的概念已成为军事思想的核心。决策者已经认识到这个世界的变幻莫测。冷战的结束完全出乎我们的意料。而且卡恩的模型也未能预测到"9·11"事件。因此，当今的军事战略是基于VUCA[①]的概念。

VUCA 的世界

让我们来研究下 VUCA 四个缩略词（如图 1-1 所示）对于企业意味着什么。

V 意为波动性。"Volatility"这个词来源于拉丁语动词"volare"，意思是"飞翔"。它的基本意思是万物趋于经常并大幅的变化。在当今的世界中，事物变化得越来越快，而稳定却常常看似不可能达到。过去几年的金融危机及

---

① 尽管赫尔曼·卡恩可能会很讨厌我们所生活的这个 VUCA 世界，但他看到了它的到来。他能够理解这种不可预测的世界是真实生命中的重要部分，而不是其电脑上那刻板的程序模型。

经济动荡，让许多人思考"什么时候能再回到以前那样的安定状态"？这个问题的答案可以说是永远不会。我们也许已经生活在一个越来越动荡、干扰越来越多以及波动性不断增长的时代，而稳定已经远逝。

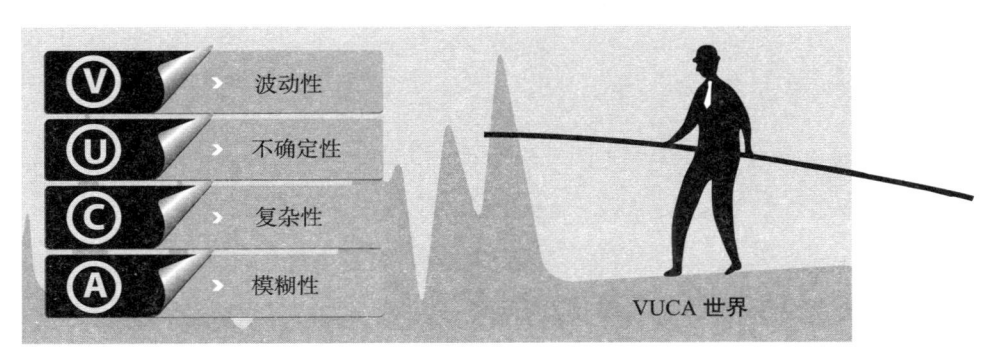

图 1-1　VUCA 世界

U 意为不确定性。我们中的许多人在成长的过程中会努力建立一个具有安全感的世界——总有我们可以指望、可以信任和可以依赖的事物。如今，我们却被越来越多的不确定性所包围。我们不确定经济将朝哪个方向发展，不确定我们的公司能否生存下来、客户会如何反应，以及市场会如何演化。我们似乎正在走向这样一个世界：相对于确定性事情，我们还要处理更多的不确定性事情。

C 意为复杂性。世界正变得极其复杂，而且一件小事就会产生巨大的影响。科学家多年前就开始研究这一动态变化，这个领域常常被贴上混沌理论（chaos theory）的标签。它通常具有蝴蝶效应的特点，蝴蝶效应是气象学家爱德华·罗伦兹（Edward Lorenz）在 1963 年提出的，罗伦兹试图通过建立复杂气象系统的数学模型来预测天气（你可以说爱德华·罗伦兹是天气预报领域的赫尔曼·卡恩）。他注意到，尽管运行这个模型的计算机越来越好、越来越快，他的模型也越来越好、越来越复杂，但他预测天气的能力并没有提高多少。他在自己的气象系统中观察到了混沌现象，其中一个小小的不同就可能会引发巨大并不可预测的后果。在1972年的一篇论文中，爱德华·罗伦兹这样描述此现象："亚马逊雨林的一只蝴蝶翅膀偶尔拍动，也许就会引起得克萨斯州的一场龙卷风。"如今，我们在这个复杂性不断增长的世界中看到了更多关于这种混沌理论的效应。

A 意为模糊性。模糊性的意思就是你可以用不同的方式来解释同一个事物——这取决于事物所处的环境，甚至你为了理解某事必须进行完整的说明。模糊性并不等同于粗略。这意味着事物并不总是非黑即白或非1即0。对数字狂热者来说这非常糟糕，但世界并不总是规规矩矩的。模糊性意味着一个问题不总是有一个单独的"明确答案"。

但是，VUCA 对于企业又意味着什么呢？站在国家长期战略的角度思考，VUCA 对于拥有众多员工的建筑行业又意味着什么呢？还有，对于那些已经依据类似卡恩的方法建立了顾客模型、市场模型和增长模型的企业来说，这又意味着什么呢？

在 VUCA 的世界里，商业战略已经越来越具有流动性。鉴于世界变化如此之快，传统的五年规划对于企业来说已经没有任何意义。如一家报社，眼看着市场被 Twitter 及克雷格分类广告公司（Craigslist）夺走，五年规划又有什么用呢？对于一家电视广播公司而言，看着市场都被 YouTube、奈飞公司（Netflix）以及葫芦网（Hulu）所瓜分，五年规划又有什么用？

现实就是企业必须采取比以往更快的频率更新自己的规划。如果想要生存下去，它们必须这样做。我曾听一位总裁说过："我们依然有五年规划。实际上，我每三个月就会对其进行更新。"

这代表着"流动战略"的时代已经来临,这也意味着企业需要更快地采取行动,并辅以前所未有的敏捷度。

为 VUCA 时代开出的一剂良方:VACINE 策略

这里,我创造了另一缩略语 VACINE(如图 1-2 所示)作为 VUCA 的药方,用来指导企业处理这个传统模型愈加失效且疯狂的 VUCA 世界。

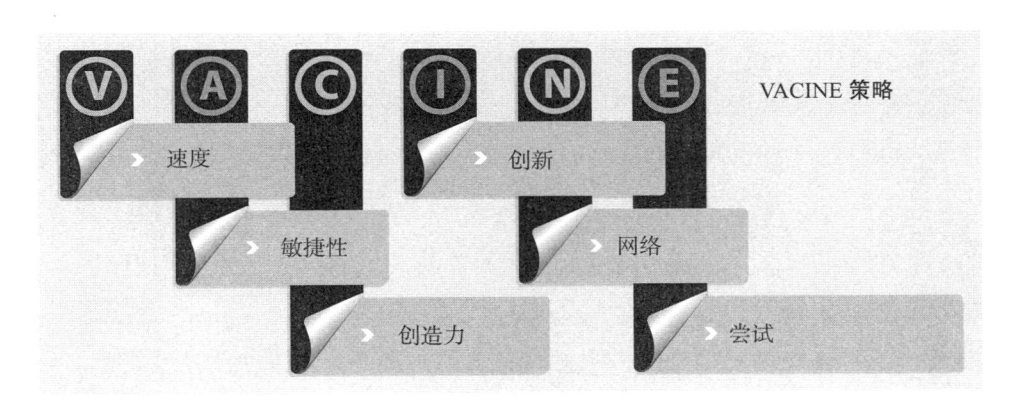

图 1-2 VACINE 世界

V 意为速度(velocity)。显然,当今企业的动作要更快。企业必须能够行动一致,以追上市场、顾客以及它们所运营的生态系统的速度。本书的第 2 章全部是关于速度,以及企业要拥有何等的速度才能生存下去。

A 意为敏捷性(agility)。因为仅仅依靠速度是不够的。敏捷就是能够快速行动并转变——能够随机应变。此项是关于改变、反应以及转型的能力。敏捷即为灵活并行动快。拳击中有个词叫作"收放自如"。对于企业而言,就是面对困难能灵活处理。

关于敏捷性，我最喜欢的例子是关于法国的一家电信公司——弗雷（Free）。它最大的竞争对手布依格斯电信（Bouygues Telecom）实施了一项大型的促销活动。后者自信可以凭此拉走弗雷公司的一部分客户。但是，基于大数据分析及对该行业最低价格的熟知，弗雷公司仅在一个小时后就推出了一个更便宜的价格。这就是所说的反应速度。弗雷公司由此表现出了极大的灵活性，并藉此表明自己仅仅在 1 小时内价格不是最便宜的那个。

据我所知，一些具有创新性的大型公司是从一些与现在完全不同的行业起步的。但是它们足够聪明，不仅能够发现更好的机会，而且可以极其灵活地进行转型。IBM 公司成立于 1911 年，其成立之初主要是卖商用穿孔卡片机的；随后，开始卖大众电脑主机；今天只提供软件、咨询及信息技术服务。成立于 1851 年的康宁公司（Corning）曾经为托马斯·爱迪生的灯泡生产玻璃罩，现在该公司专业从事管线、手机屏幕、镜片以及电视屏幕的生产。箭牌糖果有限公司（William Wrigley Jr. Company）在 1892 年以肥皂及发酵粉起家。1892 年，它开始在每包发酵粉中附赠口香糖。当看到口香糖比发酵粉更加受欢迎时，箭牌公司重新定义了自己。固然在创新中存在着很大的运气及不确定因素，但真正的技巧是当机会展现在面前时，是否有能力抓住它并为己用。许多大企业由于太官僚，因而转变很慢。

C 意为创造力（creativity）。在经济如旋风般的今天，创造力已被奉为至宝，无法保持创造力优势的企业将会被远远抛在了后头。例如，在你了解了曾经的巨无霸诺基亚公司或者加拿大移动研究公司黑莓手机的失败原因后，就会发现它们是在失去创造力后很快倒下的。史蒂夫·乔布斯传奇般地在苹果产品中增加了独创的触摸技术，乔布斯说这是"联结点滴"。他曾说："向前看，星星点点。回首望，互相关联。相信前方漫漫星点，终将汇成一条明亮的人生之路。即使远离大路，也要相信它会引导你从心出发一路向前。而这正是让你与众不同之处。"

I意为创新（innovation）。创新已成为组织的血液。"要么创新，要么死亡"曾作为高科技产业的箴言，现如今随着众多市场变化的频率越来越快，也已成为主流意识。创新（即持续努力开拓新方法来解决当前和未来的问题）已成为差异化及可持续性发展的主要推动力。创新决定着一个组织不断延续并不断变化的能力。

N意为网络（network）。我相信适应网络化的一场重大转变将在我们这一代人身上发生。本书聚焦于市场网络效应的兴起以及对企业的意义。简言之，我相信市场将转变为以消费者为核心的信息网络。也就是说，我们将不能再左右市场，取而代之的是我们必须能够"影响"这个信息网络。而且如果外部世界成为网络，那么组织内部也应该网络化。企业自身只有转变为内部创新的网络，才能在网络的边缘生存。

E意为尝试（experimentation）。最后，并且也许是最重要的，企业必须学会适应一种不断去尝试的企业文化。对许多公司而言，失败是绝对的禁忌。尽管企业如今被设定为执行某战略并实施五年规划，但依然需要学习尝试的文化。然而对初创企业而言，从开张伊始，就已经随时随地在尝试了。它们并不害怕失败。

一些硅谷最成功的初创企业已经在采用"速败速进"的原则，在这个原则指导下，人们被鼓励去尝试许多事物，并无情地扼杀掉那些无用的，采用那些有益的。速败的目的在于使其了解哪些是无用的，以便吸取教训。建立尝试的文化意味着采到直面风险的态度，这将成为在战略流动化的世界中生存的必备条件。几个最热衷这种方法的人发起了失败者大会（FailCon），这是一个为期一天的、面向技术创业者、投资者、开发人员以及设计者的大会，他们研究自己或他人的失败并从中吸取教训。要在同龄人面前承认自己犯了错，那真的需要相当大的勇气。但想象一下，你将从这样一个"研究你的失败"的人际网络中获得何等的能量及见识。

不仅仅在创业时需要这个方法，越来越多的大公司或成长型公司采用了这一"速败"理论。苏珊·沃西基（Susan Wojcicki）是谷歌公司广告业务高级副总裁，她对此非常认同。不久前，她还将"绝不败给失败"引入到她的"创新的八大支柱"架构中。例如，Spotity公司就在执行一种小规模的"快而糙"的实验，并在其没有预期效果时就快速地终止。

同样地，皮克斯公司（Pixar）作为电影行业最有创造力和改革性的企业，有其独特的容错力。用其联合创始人艾德·卡姆尔（Ed Catmull）的话来说："许多人认为，速败意味着庄严地接受错误并继续。对此更合适、更委婉的表述是，错误是一种学习及探索的表现形式。如果你没有经历过失败，那你就是在犯一个更大的错误：你在被逃避错误的欲望驱动着。尤其对于领导者来说，这样的策略——过度地考虑如何避免失败——注定要失败。"

本书的其余部分将帮助你正确看待VUCA，并希望能对你实施VICNE策略以适应市场及企业内部越来越快的节奏有所裨益。

长期战略的时代可能已经结束，并且一去不复返了。这是一个灵活与速度、响应与敏捷兼具的时代。正如伟大的哲人、拳手迈克·泰森（Mike Tyson）所说："每个人都有一个计划，直到被一拳打到脸上。"

第 1 章
充满变数的时代

赫尔曼·卡恩在描述了全球热核战争的恐怖后果之后写道:"我们真诚地希望读者在这个时候会有些不舒服。"这是卡恩的一个经典黑色幽默。我可以想象到,在你读完这章关于 VUCA 的描述以及长期战略的终结论之后,也会有些不舒服。但是,我保证我撰写本书的目的不是警告你,而是指导你度过这个不确定的时代。

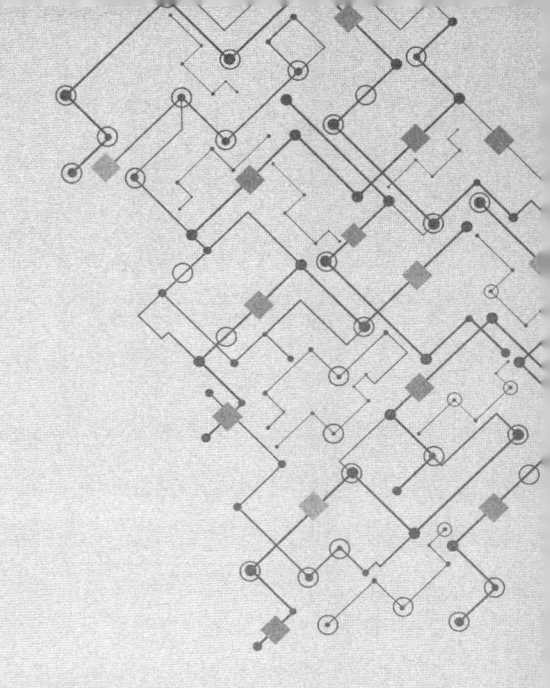

第 2 章

速度，以及为什么相对论至关重要

> 我们活在当下，潮流代表了过去。对现在洞若观火是件好事，对未来能未卜先知如虎添翼。

> 产品、市场及行为演变得比以往任何时候都要迅速。你的组织有能力及时跟进吗？组织内部节奏是否也足够快？

时间简史

你是否已感觉到事物变化得比以前更快了？是否感觉到世界正在加速？是否感觉世间万物前进的速度越来越快？

这不是你个人独有的感觉。事情的确演变得更加迅速，趋势到来得更快，新闻很快就过时，速度成为了游戏的主题，整个世界似乎步入了一个快车道。

生意场上，如果你能比市场行动更快，以上困惑完全不是问题。我最喜欢的一句名言来自一级方程式赛车传奇人物马里奥·安德雷蒂（Mario Andretti），他完美地总结了以上情况："如果事情似乎尽在掌控中，那只能说明你跑得不够快。"

速度空前的时代

1994 年上映的《生死时速》（Speed）是史上剧情最搞笑的电影之一。假设你是编剧，也许就会这样向你的电影主要制作人推销你的想法："呃，这里就是那辆巴士，并且你必须以高于每小时 80 千米的速度开，否则就会爆炸。"这只是电影里的一个小小的精彩片段。可喜的是，电影非常受欢迎。总之，不管电影剧情如何荒唐，人们似乎很喜欢这部电影。

但这部电影引发的一个有趣的问题正是如今众多企业应该反问自己的："鉴于世界永远在变化，而且速度空前，我们的巴士（企业）要开多快才能不至于爆炸呢？"

变化的速度在加快，问题在于这是幻觉还是真相？

我们都听老人说过，随着年龄的增加，日子过得就更快了。我们可能都听爷爷奶奶说过这样的话："天哪！已经到 7 月了？时间都去哪儿了？"

可能是因为人的年龄越大，对时间流逝的感觉就越强烈，或者是因为感觉到剩下的时间不再是无限的而开始感到痛苦。

而且，感觉平常一天如白驹过隙并不是个人的错觉。我们似乎被卷入了速度如飓风般的全球化经济中。拿电话举例。我依然记着自己还是个孩子时，家里的那部电话是多么重要。家庭电话（整个家庭仅有的一部电话）曾是家庭的重要特征，它是被固定在墙上的，那样的电话流行了好多年。

后来，就进入了移动电话的时代。在过去五年里，我换过的手机估计比鞋子都多。移动终端似乎在以月为单位进行更新换代。更糟糕的是，我的孩子们羞于在同学面前拿出一部去年款式的手机。这可真恐怖！

手机产业的更新速度造成了新兴者的快速崛起以及滞后者（如诺基亚和黑莓）的快速衰败。"今天还在，明天就走了"被替换成了"今天尚在，今天就走了"。没有什么能够永存，但许多事物甚至在疯狂的今天都无法生存下来。

现在不仅仅是产品和市场变化速度越来越快，而且我们的行为方式也在快速地转变。所有事情现在就要开始，正如我们常讨论的即时回馈、即时消息以及即时满足。

时间包围着我们。我们不能错过新的信息，否则我们就会落后。我们不能错过任何预约、任何电话会议或者会面。我们已经成为时间的奴隶，而奴隶主就是那个跑得越来越快的闹钟。我们活在当下，潮流仅仅代表着过去。对现在洞若观火是件好事，而对未来能未卜先知如虎添翼（如图2-1所示）。

图2-1 对未来能未卜先知如虎添翼

貌似我们越来越少地使用"慢慢来"。例如信息消费，我们不断地被信息流吞没，信息量及其速度还在不断增长。多年以前，我就不再读纸质报纸，而转向网络浏览新闻了。我很快发现，由于信息的速度和数量太大，我只能浏览标题而不是读完整篇文章，也越来越难有时间去读一整本书，甚至是一本杂志。

尼古拉斯·卡尔（Nicholas Carr）曾说，信息过载的结果就是让我们的大脑变形，从而让我们开始消费小而多的信息（因此就有了短信和Twitter的成功）。根据卡尔的观点，我们的大脑已经为能吸收更多的信息而发生了改变，尽管只是浅显的变化。

我们的饮食已经从正式膳食变成快餐，现在又要降级成零食。

时钟速度

20世纪90年代末期，查尔斯·范恩（Charles Fine）调查了企业及市场的变化频率。在此之前，计算机用户会很严谨地比较不同处理器的时钟速度。今天，绝大部分人不再关心自己电子设备里时钟的快慢。当然也没必要对此过于关心。

范恩提出了一个有意思的问题："企业内部的时钟应该保持怎样的速度？"换句话说，企业的节奏要多快？面对变化要以多快的速度来处理？能否对比不同公司的内部时钟速度？

提醒一下，查尔斯·范恩是在互联网出现之前提出这个问题的。但如今公司都处于一个相互联结的世界，都是信息网络中的一部分，比较不同组织的反应速度就容易得多。那么，我们就可以在范恩的观点上进行扩展。

考虑下你所在的行业，它的时钟速度有多快？也就是说，你所在行业的变化频率有多快？

显然，某些行业变化得比较快。例如，移动科技世界是以飞快的速度在变化。而音乐界里的YouTube和iTunes已经完全改变了音乐交易的性质，还有乐队发行唱片和新歌的速度已经可以如病毒般扩散。

但仍有一些行业相对比较慢。我曾在建筑公司度过一段愉快的时光,它们建造高速公路或高铁,或在中东疏通港口。这些行业比移动和媒体行业动作要慢得多。

但不管你所在行业的速度如何,你都要考虑速度的提升。行业速度是否比十年前更快,你是否预期到下一个十年会更快?如果这样,你就是在应对一个正在加速的外部时钟。

现在,让我们回到企业内部时钟。我访问每家公司时通常问的第一个问题是:"咱们公司解决一个问题需要多长时间?"这并不是一个沉重的话题,但很重要。在你的组织内部,一个想法从在头脑风暴中出现到成为市场服务或产品这样的过程有多快?

近几年来,组织内部时钟很有可能已经加速。如果回望一下你刚刚加入这家公司时,当时的慢悠悠会让你感到惊奇。想想你投资组合演变的速度,以及你把想法应用到市场的快慢。

内部时钟本身是没有什么意义的,关键是你能否比市场动作更快:内部时钟是否比外部时钟快(如图 2-2 所示)?

图 2-2 企业内外部时钟对比

过去，企业有足够的时间来改革、适应并取得进步。实际上，它们拖慢了变化的速度。汽车制造商决定了哪些新想法能够应用到我们的汽车中；电话公司决定哪些有特色的新服务会被提供；苏打公司决定了你能买到哪种调味品。

那个时代已经过去，市场有了自己的心跳。今天，市场动态及市场速度都在加快。外部世界被推向了一个前所未有的上升通道，而推进剂就是网络化。而实际上，大部分公司都远远落后于此。

时钟速度谜题

如果你的公司比市场的时钟明显慢半拍，那将是个严重的问题，如果放任不管，会成为"我们将会死去"之类的问题。商业世界中众多曾一度成功的企业就这样被狠狠地甩在了后面，甚至无法继续存在。

最佳的例子之一是近期由于引进 MP3 而彻底被重塑的音乐界。不久之后又出现了 iTunes，给了唱片公司商业模式致命一击。记住，这个产业早就被改变了。在 MP3 之前，光碟（CD）是市场主流；在光碟之前，是黑胶唱片的时代。还有磁带、收音机，音乐在进行着大量的小规模的更新换代。所以，音乐产业并不害怕技术上的革新，而且会有技术人员去处理这个。

但互联网的兴起以及下载音乐变得更加便捷安全，这为商业模式带来了一种前所未有的速度。刹那间，一种新的传播方式（MP3 占据了整个网络）意味着全新的商业模式以极快的速度兴起。史蒂夫·乔布斯——模式转换的天才观察者——很快就嗅到了音乐产业将不可能有更快的传播速度。于是他在音乐界尚未统一认识前迅速推出 iTunes 作为主要播放器。

以往音乐播放器的时钟速度适合于旧时代，但 iTunes 却有着和互联网协调一致的速度。传统音乐产品播放器不仅仅是被打败了,而且还被踢出局了。

为能够在网络纪元生存下去,你必须理解组织外部世界的变化频率,并有能力跟上这个步伐。

相对论

100多年前,物理界也发生了类似的事情。这一切开始于天才人物阿尔伯特·爱因斯坦在1905年写下了相对论这一重要理论,并导出了著名的公式:$E = mc^2$。神来之笔是他关于光速绝对不变的假设。当然这也引起无数科幻作者想象着超越光速的可能性。如果爱因斯坦没有写出那篇著名的论文,也不会有《星球大战》千年隼号(Millennium Falcon)让汉·索罗(Han Solo)穿越到超时空中去。

几年后的1916年,阿尔伯特·爱因斯坦提出了闻名于世的狭义相对论和广义相对论。20世纪初物理学最辉煌的这段日子,无疑在科学研究和发现领域刮起了一阵旋风,而一切都是围绕着"如果我们探究终极世界——越来越快的世界和越来越狭小的世界,那究竟会发生什么"而展开。

在此之前,物理学的定律是由牛顿提出的。他精确地定义了我们周围的世界:它们如何发挥作用,不同部分如何相互作用,苹果怎么落到地上。牛顿定律无疑是工业革命的基础,它为我们带来了蒸汽机、火车以及众多的工业品。

但当我们把牛顿定律应用到平常观察不到的事物(如那些速度快如光速的东西)时,有些地方会变得很奇怪。这正是爱因斯坦想搞明白的:如果你能驭光而行,世界看起来会是什么样子?他预言的世界将与我们所知的世界完全不同。

而且，爱因斯坦是正确的。当物体运动的速度真的非常快时，牛顿定律将不再适用。他还发现牛顿定律在亚原子颗粒的微观世界中也是失灵的。所有的这些让我们开始熟悉量子理论，但这就不是本书所要讲的故事了。

这里的重点是当我们改变自己对曾经熟悉的世界的看法时，我们曾有的基本原则也要随之改变。

因此，当我们步入市场变化速度快于组织的世界时，我们就要重新考虑什么才是正常的。我们现有的机制及规则很有可能将不再适用。当外部世界的时钟速度超过内部时钟时，也许我们就要重新审视组织发挥作用的方式了。

突破音障

我们还没有进行到那种地步，或者还没有那么快。

在第二次世界大战末期，试图突破音障的努力会被当作疯狂之举。一架飞机的速度怎么可能超过1马赫（即音速）[①]？现在看起来这是个愚蠢的问题，但在那个时候，这个问题既现实又急迫。

谁是第一个突破音障的人？英国人、德国人以及苏联人都想成为第一名。但事实并非如此，尽管他们非常努力甚至试验飞行造成伤亡。就在所有人都失败的情况下，美国人成功了。1947年，美国空军飞行员查克·叶格（Chuck Yeager）成为第一个飞速超过音速的人。他是通过驾驶一架试验机——贝尔X-1（Bell X-1）号实现的，随后那架飞机被以其妻子名字命名为迷人葛兰妮

---

① 在20摄氏度、海拔在海平面的条件下，空气中的声速是每秒343米，也可以说是大约每小时1 235千米。——译者注

号（Glamorous Glennis）。叶格上尉是世界上最棒的飞行员之一，因为控制这样的飞行器需要卓越的驾驶技巧。但即使叶格上尉试飞成功，人们也是在过了几十年之后才真正理解和精通超音速飞行的。尽管超音速已经在军事领域占据主宰地位，但直到今天，我们依然在期望着超音速商业飞机的成功故事。

针对本书的写作目的，超音速飞机真正令人感兴趣的地方在于它是如何建造的，它需要与以往完全不同的设计理念（如图 2-3 所示）。超音速飞机飞行动作不同，需要不同的机翼、不同的设计原则，以及不同的数学和物理知识。基于现在的空气动力学，设计一款亚音速飞机非常简单，设计一架超音速飞机也不难，但要设计一款既可以超音速也可以亚音速飞行的飞机就极其困难了。

图 2-3　空气动力学的网状图

设计能适应未来的组织同样很困难。我们必须明白在"亚音速"时代，设计并发展企业的方法将会完全失效。实际上，我们需要学习网络时代的空气动力学，并熟悉如何在一个速度翻转的世界里建立组织并使其生存下去。

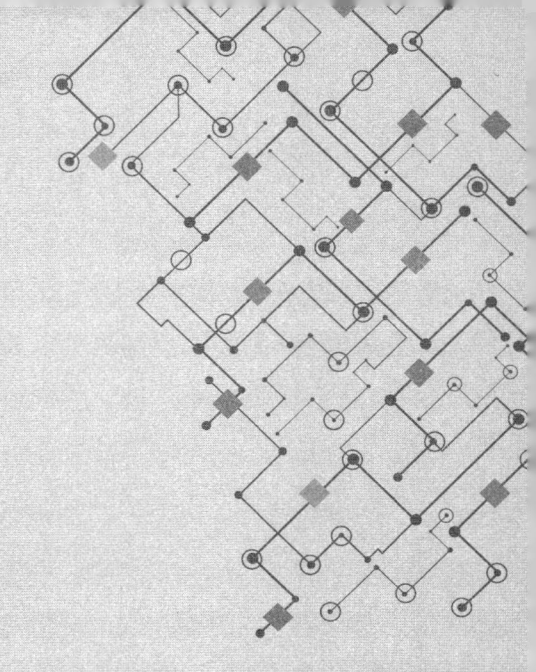

第 3 章

线性已亡

如果不能以全新的视角来考量我们所在的世界，没有认识到我们的商业、我们的企业及我们的市场是一个复杂的、相互作用的、相互适应的系统，我们将不能充分理解并利用这个网络时代。

每个人都喜欢简单行事，但当我们描述市场或世界时，简明扼要的方法就没那么适用了。本章将探讨为什么复杂多变的网络会是当下新兴的语言，并阐述如何应用此语言的核心词汇。

本章很重要。我在开始部分所描述的内容可能会有些枯燥，因为会涉及数学、物理甚至一些哲学的概念与知识。但接下来，你会读到非常有趣的章节，我保证你们很容易理解。并且，通过阅读这一章，后面的内容就会很容易理解了。

不少读者在读了我最近编著的一本书后，说他们很喜欢书中关于"数字时代的极限"这一章。他们告诉我，读了书中的那些数学方程后，与他们的朋友比起来，会让他们觉得自己聪明了不少。那么当你看完本章后，你可以在鸡尾酒会上聊聊比利时物理化学家伊利亚·普里高津（Ilya Prigogine）、复杂的适应系统以及薛定谔波动方程（Schrödinger's wave function），我保证你将会给你朋友留下深刻的印象，并成为社交聚会上的焦点人物。

直话直说，简单行事在当今的社会未必成功。尽管我们希望事情变得简单或呈线性般直截了当，但世界是很复杂的。在本章里，我们将研究如何区分线性系统、动态系统和复杂系统。

网络时代的动态性和世界中的复杂适应系统很相似，这也会与自然界中很多的结构相类似。理解错综复杂的适应网络的关键是聚焦于理解联结的本质、相互关系的力量以及网络中信息流的强度。

只有这样，你才能在混沌时代中进行改革创新。

追求简约

作为人类，我们致力于简约。我们都希望自己的生活简洁而单纯。我们都希望和爱人之间的关系轻松而直白。我们力图使组织、法规、结构、经济以及政府易于被理解并容易处理。尽管这一切在现实中从来都不容易做到。

我们大多人毕生都在追求简约。清空邮箱似乎会让我们感觉生活更美好，如果没有堆满整个车库、用不着的盒子，或许会让我们感觉更加高兴，如果我们能"清空思想"，就能使我们内心达到完全的平和与宁静。

但我们根本做不到。

生命不仅不简单，而且也不单纯。生命完全是混沌、极其复杂，而且是非线性的。那么，这就是我在本章想要讲的：为什么我们在考虑结构和组织、市场和顾客时要完全摒弃线性关系这一概念。

因为线性已亡。

线性系统

我们渴求线性是因其简单。线性系统有利于理解并易于控制。

例如，我们可以通过开关按钮来控制电灯是亮还是灭；我们把淋浴混水器向右拨，花洒就可以得到更大的水流；也可以通过温控旋钮来改变温度，通过简单的线性操控就能让加热程序变快或变慢。操作都是如此简单。

但很不幸的是，我们周围的大部分系统却没那么简单，而且基本上都是非线性系统。尽管我们能理解并掌控它们的规律，但在非线性系统中依然不能精确地辨明其因果关系。

最好的例子就是双摆。如果我们拿一个单摆的钟并让它在重力作用下进行摆动，那么我们就能很直观地理解钟摆运动的原理。钟摆将从左边摆到右边，在其最低端时速度达到最大，在其停止前将不断爬升，然后就反过来继续。这很容易理解，也很容易进行预测。

如果把单摆从一根摆臂改为两根，形成双摆，中间用齿轮连接，再让其摆动时，我们就会得到看上去简直不可预测并毫无规律可循的运动方式。

单摆是个很简单的线性系统，受控于重力定理。双摆则是一个动态系统，和单摆一样也是受控于重力。但现实却是两个连在一起的摆臂，使摆动成为了一个更加复杂的系统。

事实上，描述双摆的运动需要更高级的数学。在历史长河中，这种事情发生了许多次。每当我们对世界的研究更进一步时，就会发现需要用新的语言来描述它。

动态系统

如果研究包括两个相互联结或相互影响的二元系统时，我们就要引入反馈的概念。反馈是动态系统的基本特征，而且描述具有反馈的系统时要用到另一种不同的数学语言——微积分。

接下来就要费点脑子了。我知道有些人害怕"C 语言"，但 C 语言已然不是什么新鲜事物了。我们发明方程式和微积分也已经有好几个世纪了。问题是很多人就是不喜欢数学，许多公司高管一听到微分方程（differential equation）就会犯晕。

那不妨让我先来讲讲历史背景吧。

在 17 世纪末，世界发展遇到了瓶颈。当时军队希望能通过一种新技术来发射比以往更大的炮弹，他们需要精确的理论来预测炮弹轨迹；那时的船可以在全世界航行，为了获得更好的导航能力，他们同样也需要更加精确的计时设备和更好的定位方法。所有这些都需要高于简单代数的数学，因此也推动了微积分的出现。

德国数学家戈特弗里德·莱布尼兹（Gottfried Leibniz）和英国物理学家艾萨克·牛顿（Isaac Newton）几乎同时宣布发明了微积分，他们还因谁先发明现代微积分而进行了激烈的争论。莱布尼兹在 1674 年开始进行微积分发展的研究，并率先于 1684 年在论文中发表了研究成果。而牛顿宣称自己在 1666 年就已经发明了微积分，那时他 23 岁，但是并没有公布这项工作。

如今，我们几乎已经确定牛顿是微积分的真正发明者，而最让人感兴趣的是，他发明微积分的动力来自希望能搞懂行星的运动，为此，他发明了一套完全不同的数学语言来精确地解释为什么行星会这样运动。

牛顿发现了三个运动定律和一个普遍的重力定理。这些定理完全改变了天文学。更重要的是,他发明的新语言让我们有能力掌握动态系统。

微积分的优点在于,它提供了一种描述非线性系统运转的数学方法。我们可以描述双摆的运动、天气系统的运行以及电磁学和电力的作用,尽管这并没有让事情变得简单。即使微积分为非线性系统提供了简洁的数学方程,我们也依然不能用简单的因果关系来表述控制原理。

牛顿在数学上的突破为探索未知世界开拓了新方法。随着微积分的发展,科学技术有了跳跃式的发展。正因为我们掌握了这种动态系统的语言,所以才催生出了工业革命。

化学、材料以及电磁世界向我们打开了大门。我们现在可以建设隧道、桥梁、机械以及埃菲尔铁塔。

作为工业革命的助推剂,科学发展还引发了对展示新进展、新科学和新技术空间的需求。今天,我们可以建设一个网站,发展社交网络,或开通一个 YouTube 频道。但这些网络事物在工业革命时期还没有出现,那时人们都是在世界博览会上进行这些活动的。

那个时期,有两届世博会绝对非常重要:以埃菲尔铁塔为核心的 1889 年巴黎世博会和 1893 年芝加哥哥伦布世博会。

举办巴黎世博会的那一年正是攻占巴士底狱 100 周年纪念,攻占巴士底狱被认为是法国大革命开始的标志。巴黎世博会取得了巨大的成功,吸引了超过 3 200 万的游客。法国在巴黎世博会上为展示高超的工程技术,特地用铸铁建造了埃菲尔铁塔,并将其作为博览会的入口大门。

埃菲尔铁塔最初是由两名法国工程师——莫雷思·克什兰(Maurice

Koechlin）和艾米勒·努吉耶（Émile Nouguier）设计的，他们为古斯塔夫·埃菲尔（Gustaf Eiffel）的建筑公司工作。一开始，埃菲尔本人对两位工程师的主意表现出了些许热情。但当这个为世博会而准备的计划开始实施时，埃菲尔才意识到这个纪念物的潜在价值，并因此接手了此项目。他买下了铁塔的设计专利所有权，并为建造和维护它单独成立了一家公司。从此这成为了人类在工业时代的纪念丰碑。

但这个铁塔并不仅仅是辉煌博览会的标志物，也不仅仅是法兰西共和国力量的象征。古斯塔夫·埃菲尔在第一层铁塔底层其中一侧刻上了72位法国科学家、化学家、天文学家、数学家及工程师的名字。其所表明的态度很明确：这是科技的时代[①]。

巴黎世博会以后，美国将举办下一届世博会，这将成为"终结所有博览会的世博会"。为纪念哥伦布航行400周年，那次世博会被称为"芝加哥哥伦布世博会"。

系统的新语言

就像巴黎世博会一样，哥伦布世博会同样也是科技的盛宴。"电子展馆被电报机和电话、电力铁路、电梯和电灯占满"。实际上，这场博览会也成为科

[①] 并不是所有人都同意。埃菲尔铁塔本身就备受争议，有些人就认为这个塔本身就不应该建造，还有些人因为艺术原因而反对它。一个由300名杰出艺术家组成的组织（每名艺术家对应塔每米的高度）反对在他们美丽的城市里建造这个铁疙瘩："我们——作家、画家、雕刻家、建筑师和其他美丽巴黎的热爱者们，用我们所有的力量、我们的愤慨以法国人的名义表示抗议，反对毫无意义、丑陋的埃菲尔铁塔的建造。"即使埃菲尔铁塔已经建造完成并且其对一般民众的正面效应已经显现出来，也仍有许多艺术家对它怀有深深的敌意。据说，历史上最伟大的作家之一居伊·德·莫泊桑（Guy de Maupassant），每天都在铁塔的餐厅里吃午餐，只因为那里是巴黎看不到铁塔的地方之一。

技史上斗争最激烈的战场之一。两个天才——托马斯·爱迪生和尼古拉·特斯拉（Nikola Tesla）针锋相对。他们斗争的焦点就是哪个会成为电力技术的未来：交流电还是直流电？

今天，我们拿起吸尘器，插上供有220V或110V交流电的壁式插座很平常。但在1893年，交流电技术还在和直流电进行战斗。展会上，托马斯·爱迪生的通用电气公司提出展会使用直流电，供电花费接近200万美元。而西屋电气在尼古拉·特斯拉的帮助下，提出使用他的交流电来照亮哥伦布展会，花费39.9万美元。账面上是西屋电气胜利。

于是，特斯拉成了展会上的明星，他向人群中吆喝电磁效果，使用高压、高频交流电点亮了一个无线灯泡并将光线射向自己的手指。他是西班牙裔美国发明家、交流电的开拓者。他确信在长距离电力输送中，交流电会是更加经济的方式。而爱迪生却不相信他，因为他并不懂得特斯拉所掌握的原理，更重要的原因是他不熟悉新兴的数学语言。

爱迪生最后成为了气急败坏的输家。他把交流电描绘得很危险，并精心策划了一场准备已久的公关活动来批判交流电，以败坏尼古拉·特斯拉和乔治·威斯汀豪斯（George Westinghouse）的名声。甚至还有个名为哈罗德·布朗（Harold Brown）的教授到处告诉观众们交流电的危险，他在舞台上让狗和马触电而死，以展示交流电的危险性[①]。

我讲这个故事的目的是我们需要理解我们所处理系统的新语言。如果不这样，我们就无法了解新技术的潜力，不能够用新方法去观察世界。爱迪生

---

① "电流之争"的顶峰发生在纽约科尼岛的一场广受关注的壮观场景，那里一家马戏团有一头名为普西（Topsy）的大象因为对周围人们太危险而被执行死刑。爱迪生给普西穿上铜线做的鞋子，然后在数千人的面前，用一个6 000伏特的交流电穿过普西的身体直到它倒在一旁被电死。

这位"门罗公园的魔法师",是一位真正的拓荒者、企业家和天才。但是在面对交流电的未来时,他站在了历史的对立面,没有真正地理解科技背后的规则。爱迪生的直觉让自己完全成为傻瓜。

复杂适应系统

还记得将单摆用齿轮连接增加一个摆臂之后的双摆变得有多随机吗?设想一下,如果你拥有成百上千甚至上万的主体,所有的主体都在行动,互相影响,并提供反馈,那这样的运动该有多复杂。欢迎来到复杂系统的世界。

复杂系统无处不在。我们在自然界基本上所能观察到的一切事物都是由大量主体组成的复杂系统。例如,天气系统中的空气和水分子,或者生态系统中的植物和动物群落,还有经济、人的大脑、不断增长的胚胎或者蚂蚁群落,等等。这些都是复杂系统的例子,它们每个都是基于众多主体同步活动的网络。在大脑中,主体就是神经细胞;在生态系统中,主体就是不同的物种;在胚胎中,主体就是细胞;而在经济体中,主体就是个人、公司以及家庭。

天气是另一个经典范例。在天气系统中,主体的数量——空气和水分子,如此巨大以至于我们不能用数学语言来描述单个间的关系。虽然我们懂得分子间作用力的原理,但问题在于其主体数量实在太庞大,以至于我们只能以完全不同的方式观察这个系统,并使用全新的语言来描述它。

研究复杂系统的关键是不再关注单个的主体,我们必须以整体来看待它们。在一个复杂系统中,所有的主体都以一种不可预测的、没有计划的方式相互作用并相互影响。在这相互作用的一堆乱麻中,总会浮现出一定的规律,并形成这样一种模式:系统内的反馈揭示出主体的相互作用。这里的关键词是模式。我们不能描述出某个主体的确切状态，我们只关心出现的模式，就像云的不同形态。

正如彼得·弗赖尔（Peter Fryer）所写的："多年来，科学家通过线性空间来看待宇宙。那里有简单的因果关系可以应用。他们以为宇宙是个大号机械，并认为能够完全了解整个宇宙。"尽管使用了世界上最先进的计算机，天气还是不能准确预报；尽管进行了密集的研究和分析，生态系统和免疫系统还是没有按照预想的进行。

最终一个全新理论出现了——复杂理论（complexity theory），基于相互关系和模式。复杂理论坚信宇宙中充满了复杂而又不断适应环境的系统。因此，宇宙也是复杂的适应系统。

熵

这种系统第一次出现时，由于存在无数更小的主体，因此的确在物理界引发了一种全新语言的诞生，从而形成了科学的分支，我们称之为热力学（thermodynamics）。"thermo"这个词来源于希腊语"therme"，意为热量。这正是此领域的起源：努力研究工业革命核心科技——蒸汽机中有关热的动态影响。

法国物理学家尼古拉·雷奥纳德·萨迪·卡诺（Nicolas Léonard Sadi Carnot）是这个领域的先驱者，他相信热机效率能够帮助法国赢得拿破仑战争。卡诺对于提高蒸汽机效率非常感兴趣，1824年，他出版了巨著《关于火的动力》(Reflections on the Motive Power of Fire)，此巨著成为热力学得以建立的科学依据。在那本书中，卡诺阐述了一个规律，之后被称为热力学第二定律，即热不能自发地从温度低的地方流向温度高的地方。

这里有两个基本的观点。

第一，是熵的概念，熵描述的是一个系统含有能量和信息的有序度。系统越无序，其熵值越高。自然过程的一般特征就是朝着熵增加的方向发展——也就是说，变得更加无序。

第二，这个过程是不可逆的。大部分的物理定律没有特定的方向，它们常常是对称的，但此过程不是。熵每时每刻都在增加，让熵减少必须依赖外部干预。所有复杂的自然过程都是不可逆的。

热力学的产生实际上是为了描述我们所知的真实世界，并精确描述自然现象和过程。我们必须放弃确切了解其内部每个个体因素的想法；相反，我们必须从宏观上进行观察，理解这样的模式，并使用统计学和概率论的语言来描述自然过程的行为。我们必须放弃绝对，并与概率世界相拥。

薛定谔的猫

这种看待世界的新方法在20世纪初随着量子理论的出现而得以开花结果。许多年来，科学家发现当在原子和亚原子粒子极其微小的世界中应用（传统）物理定律时，这些定律似乎没有什么用。

全新数学语言和量子场论背后的发明者，是澳大利亚物理学家埃尔温·薛定谔（Erwin Schrödinger），他是真正的天才。他因发现量子理论的核心——薛定谔波动方程而在1933年赢得诺贝尔物理学奖。但对普通人而言，最令人怀念的是他的猫——弥尔顿（Milton）。

他在1935年的一篇论文中引入了"薛定谔的猫"谬论。他在论文里讲述了这样一个故事：

将一只猫和一个精巧的陷阱共同放进一个封闭的盒子里，陷阱里有一小瓶氰化物气体，瓶子里面还有一些放射性物质，以及一个辐射探测器。如果辐射探测器探测到放射性物质发生衰变（随机发生，概率是0.5），它就会受到触发而打开毒气瓶，然后猫就会死掉。但如果放射性衰变没有发生，猫就会在那里面小憩并不会受到伤害。

由于盒子是封闭的，科学家不能观察到猫是否已经死掉。所以直到盒子打开，才能看到猫。那猫就是处在一个不确定的状态——并只能认为是生和死共存的一种状态。当我们放弃绝对并在概率世界中寻找逻辑时，这个悖论就会引发许多的谬论。

还是很沮丧吗

到目前为止，我们已经放弃了线性思考的概念，并摒弃了绝对真理的概念。还有什么比这更糟糕的吗？那么，现在我们从热力学第二定律中知道，宇宙的命运是悲惨的——熵一直增加，直到所有的秩序化为混沌。这确实很糟糕。

从这里直到本章结束，我将提出方法来抚慰你的身心。接下来是本章最有意思的部分：

伊利亚·罗曼诺维奇·普里高津在1917年俄国革命前一个月出生于莫斯科。他父亲是莫斯科皇家科技学校（Imperial Moscow Technical School）一位著名的化学工程师，他母亲是位钢琴师。这个家庭在1921年离开俄国，前往德国，随后去了比利时。他最后成为布鲁塞尔自由大学（Free University of Brussels）的一名教授，并在1977年因其耗散结构（dissipative structures）的工作而获得诺贝尔化学奖。

普里高津发现，当他研究这些结构时，部分并没有按照标准程序进入熵死亡，即陷入无序状态。他发现，当一个物理或化学系统在平衡时，若受到某个方向的推动，它就能活下来并继续兴旺，而如果保持在平衡态，它将会死亡。原因是，当系统远离平衡态时，它被迫进行开放。开放帮助它产生新的主体及其相互关系以及不同的结构。热力学第二定律描述的是一个独立的物理系统，有序性必定瓦解衰退。普里高津证明了一个拥有能量来源的系统——如沐浴在太阳的光和热之中的地球，结构可以进化，从而更加复杂化，并获得新生和繁荣。

对于复杂、发展性系统的计算机模拟也表明它是有可能在无序中通过自然的自组织过程，出现有序性而获得新生。由此看来，自组织也是具有复杂适应系统天生的特性[1]。

网络时代

到这里，你会琢磨本书究竟是讲什么的。我基本的信念是，我们将步入一个名为网络时代的纪元。我们周围的一切借由数字技术新常态的影响，已

---

[1] 圣达菲研究所（The Santa Fe Institute）可能是世界上关于复杂适应系统课题研究的中心。它坐落于新墨西哥州，在1984年由默里·盖尔曼（Murray Gell-Mann）和一些研究员创建。盖尔曼在1969年因其在基本粒子上的研究而获得诺贝尔奖。盖尔曼发现宇宙万物都是由夸克（quarks）组成，这个名字由盖尔曼参考詹姆斯·乔伊斯（James Joyce）的小说《芬尼根守灵夜》（Finnegans Wake，即三声夸克）而创造的。在20世纪90年代，盖尔曼的兴趣转向新出现的复杂性研究，并且在圣达菲研究所建立中发挥了重要作用。研究所大部分的创始人是来自洛斯阿拉莫斯国家实验室（Los Alamos National Laboratory）的科学家们，他们感受到研究传统研究所学术界限和政府机构科学预算以外项目的需求。他们的使命是传播所谓的复杂理论的新兴跨学科研究，也被称为复杂适应系统。

经构建成为一个完全基于网络的社会。我们有信息网络、知识网络、娱乐网络、社交网以及企业网络。我们看到的一切都是基于网络的概念。

但我们依然以线性系统来看待环境、经济、市场及组织。当发布一项新的营销活动来向顾客展示一项产品或服务的优点时，我们依然期望存在简单的因果关系。当我们对股份制公司进行改组以提高其在市场中的效率时，我们也希望出现预测中的结果。

我深信这一点，如果不能以全新的视角——把我们的商业、公司及市场看作一个复杂的、相互作用、适应的系统——来考量世界，那我们将不能理解并充分利用这个网络时代。就像每个洞察世界原理的新物理模型，每个对世界运转的新解释，我们必须要了解网络时代的新语言，而这种语言是基于复杂适应系统的行为。

复杂系统的核心词汇

好吧，这是一种需要学习的新语言，一种可以帮助我们理解网络新时代的语言。那么，为了说好这门新语言需要掌握的核心词汇有哪些呢？

在《网络时代漫游指南》（*Hitchhiker's Guide to the Era of Networks*）一书中，下列词汇就是能让你勉强生存所需的，也是你理解复杂系统世界所必备的。

1. 涌现（emergence）。复杂系统没有一个主要计划——它们在进化，在不断涌现。从系统各个组成部分的相互作用衍生出一些宏观特征或模式——这是一些你不可能通过理解系统各个组成部分而预测的结果。

例如，一座蚁巢是建筑中的奇迹，有着惊人的联结通道、巨大洞穴、通风隧道以及更多其他的结构。蚂蚁造穴既没有什么宏观计划，也没有什么总体设计。但是巢穴就这样建成了，这只是一群蚂蚁依据这简单的规则建造的而已。涌现就是复杂系统的重要现象。

2. 联结（connectivity）。复杂源于相互关系、相互作用和系统内部所有成分之间以及系统与其环境之间的互联性。这就意味着系统内某成员的一个决定或行动会影响所有相关成员，但不是以某种固定的模式，这是海量扩大版的双摆。

系统各主体相互联系及影响的方式对系统至关重要，因为单个主体正是依靠这些联系进行组合以及弥散反馈的。主体间的相互关系通常比主体本身更为重要。

今天，我们看待网络——其互联的程度、网络形成的方式、在网络中发展的节点及其联系——对于我们理解可能出现的模式非常重要。

3. 共同演化（coevolution）。一个复杂系统存在于环境中，但也是环境的一部分。复杂系统中的变化可以看作共同演化，而不是简单地适应环境。因为环境在变化，系统为保证最佳适应也需要变化。但由于系统只是环境的一部分，当系统变化时，它也改变了环境，因此就需要系统再次变化。这是一个无穷无尽的过程。

4. 不完美性（not perfect），即它们并不处在理想状态中。一个复杂适应系统并非必须完美才能在环境中生存，它只需要比其竞争者略占优势即可。因此，复杂系统不是设计成理想中的高效，而是基于足够完美的概念。

5. 差异性和多样性（variety and diversity）。系统的差异性和多样性越大，它就能越强大。复杂系统演化的关键在于，它能够探索其环境下进行演化的新的可能性及方法。这就意味着复杂系统的能力是基于其所含内容的组合、前景、成分的差异性和多样性。

6. 自组织（self-organizing）。在一个复杂适应系统内部，没有指挥和控制的等级制度。那里没有计划或管理，但会通过一个持续的改革来寻找最适应环境的方式。

复杂系统在混沌的边缘演化。这是伊利亚·普里高津留给后人最具价值的遗产。

平衡态的系统缺乏内部动态机制来响应环境，并将慢慢（或很快）地死去。趋于混沌边缘的系统将不再像系统一样发挥功能。这就是说，哪里有最大量的差异性和多样性，哪里就会出现生存中最新可能性及最佳适应性。

无尺度网络

下面主要探讨有关这一领域的最新思考——无尺度网络（scale-free networks）。首先说一下我前往罗马尼亚的特兰西瓦尼亚的旅程，同时也是拜访影星凯文·贝肯（Kevin Bacon）之旅。

当我们谈到复杂系统时，我们用到了"主体"这个词，而且我们通常假设所有的主体都是生来平等的，但在现实世界中并非如此。

在许多网络时代占据统治地位的网络中，这并不完全正确。在这种情况下，我们会看到一些更加特殊、更有影响力的主体，它比其他主体更加重要。

发现具有这种特性网络的首席科学家是艾伯特-拉斯洛·巴拉巴西（Albert-László Barabási）。1967年，他生于特兰西瓦尼亚，在布加勒斯特大学

（University of Bucharest）攻读物理学。他在 IBM 公司工作了一段时间后，于 2004 年成立了复杂网络研究中心（Center for Complex Network Research）。

当巴拉巴西首次将复杂适应系统应用到网络世界时，他发现在网络时代最令人感兴趣的网络类型是属于他定义的无尺度网络。这些网络并不是主体进行随机联结；相反，它们中有些节点对网络成长和演化更加重要（如图 3-1 所示）。

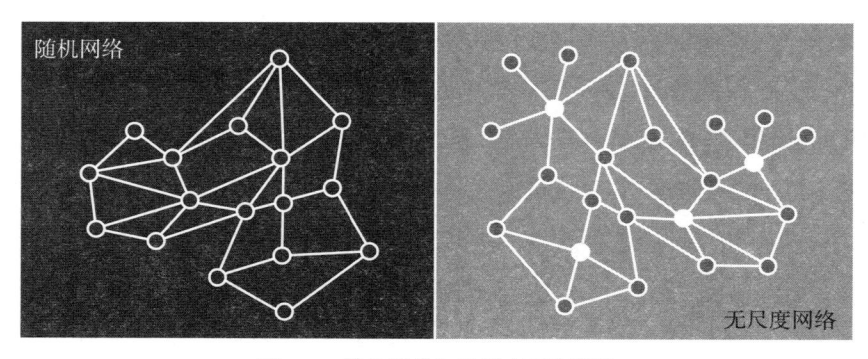

图 3-1　随机网络和无尺度网络联结

但这和影星凯文·贝肯有什么关系呢？

事实上，在一部关于复杂网络的纪录片中，巴拉巴西将凯文·贝肯作为美国好莱坞影星联结当中的第一序号排列。这个说法当然是来自"六度分隔理论"（six degrees of separation）的概念，这个概念阐述了地球上的任何两个人可以通过六个或更少的熟人相互关联。这个理论最终诞生出了《凯文·贝肯的六度空间》（Six Degree of Kevin Bacon）这个游戏。在这个游戏中，所有的好莱坞明星都可以在六部电影之内和凯文·贝肯扯上关系。那么，这个如何应用到你所读到的这本书中呢？网络上的一些节点较其他更加活跃、更有影响力，也更重要。这也是为什么那些有着较多联结的节点被称为网络中的"凯文·贝肯"。

巴拉巴西关于无尺度网络的研究表明，我们可以将复杂适应系统应用到我们网络时代的社会中。正如他提到的："我们领悟到网络中一种全新而未知的秩序，它表现出不同寻常的美丽和协调。"

总结

读完本章，我真诚地希望你不再对希腊词汇感到恐惧或害怕希腊字母的非理性，抑或被复杂的科学术语所折磨。如果你依旧如此，抱歉将你带到了微积分、熵、热动力学循环、量子波动方程以及无尺度巴拉巴西网络的世界中。

但说实话，我们正进入智能时代，我们的所做、所知、所追求都基于一个全新的概念。这是智能时代的基础，与我们社会所经历的完全不同。

牛顿曾说过："如果说我比别人看得略为远些，那是因为我站在巨人们的肩膀上的缘故。"藉此，他想表达的是自己的成就和见识都建立在之前无数在探寻宇宙秘密中迷失方向的科学家的努力之上的。

但今天，世界不同了。

在今天的网络社会中，站在巨人肩膀上的概念被通过网络中的节点联结的概念所代替。网络是我们的未来。但记住，网络是一个复杂的系统，它们都是随时随地在演化的、复杂的、适应的系统。

因此，如果我们想理解未来，那我们就要理解一种新语言——网络的语言。

祝你们学习网络语言顺利。

媒体如何发现网络

无线的黄金时代

很久以前，媒体产业就已经认识到网络的力量了。但今天，网络正以前所未有之力改变着媒体产业的基础。

当我们提到媒体中的网络时，许多人想到了那些强大的巨无霸型的电视网络，如美国广播公司（ABC）和美国全国广播公司（NBC）以及英国广播公司（BBC）。但真正来讲，这些可能是老式的网络，对于它们更精确的说法应该是广播公司。这是因为这些广播公司的业务是向大众传播内容，其顾客在同一时间享用的内容是相同的。

在新常态时代，这些听起来就过时了。但在50年前，这绝对是新颖、具有突破性的事物。电视广播网络的鼻祖是大卫·沙诺夫（David Sarnoff），他的故事也是引人入胜的。

沙诺夫是美国无线电公司（the Radio Coporation of America，RCA）的创建者，同时也是一位把广播和电视推广到全世界的幕后推动者。没有哪个移民能够像这位来自白俄罗斯明斯克州尤兹利安小村庄的人一样改变了媒体。

大卫·沙诺夫在9岁时移民到美国。在此之前，他的父亲——亚伯拉罕（Abraham）已经在美国待了一些年头，并为他全家移民纽约积攒了些钱。这个可怜的年轻的白俄罗斯家庭在他们抵达美国后，等待他们的是艰难的岁月。大卫找到一份卖报工作，每卖50份报纸可以拿到25美分。他很快就想到去做一番更大事业，并想在纽约曼哈顿街区的地狱厨房（Hell's Kitchen）开一间自己的报亭。

沙诺夫很快就对消息的传播着迷，并开始真正理解信息的力量。他通过观察购买自己报纸的顾客，得到了顾客对内容的渴求的第一手资料。他父亲得病后，他需要为家里赚更多的钱，因此他决定做一份兼职，在管理跨大西洋电报往来的商业电报公司（Commercial Cable Company）做一名通信员。他在观察电报员用摩斯密码处理信息时，自学了摩斯电报的技术。大卫·沙诺夫最后辞职并加入了马可尼无线电报公司（Marconi Wirless Telegraph Company）。随后在他生命中发生了神奇的一幕。

1906年12月的一天，该公司的创始人古列尔莫·马可尼（Guglielmo Marconi）穿过大门径直走到自己在纽约的办公室。而此时，急切的大卫·沙诺夫正在等他，并设法说服并打动了这位意大利总裁，从而成为马可尼的个人助理。借助这个新建立的人际关系，所有的事情都发生了改变。

那个重要的日子是1912年4月14日，皇家邮轮泰坦尼克号（RMS Titanic）发出了历史上糟糕透顶的消息："警报！泰坦尼克撞上冰山，迅速沉没。"当时沙诺夫正在值班。永不沉没的泰坦尼克撞上了北大西洋的冰山，沙诺夫听到了这个受诅咒的船发来的消息。

为此，配有马可尼无线系统（Marconi Wireless System）的沙诺夫夜以继日地工作。他收到了死亡以及获救人员名单，超过1 500人在这场灾难中丧生，其中大部分来自于重要且富裕的家庭，他们的家人站在马可尼电报站外面等着沙诺夫的消息。沙诺夫在这场悲剧面前的勤勉工作也为他赢得了英雄的称号。

在那天，他还发现了一些意义深远的事情。在他朗读获救者名字时，他发现了传播信息的真正力量。按照美国前白宫经济顾问托德·布什霍兹（Todd Buchholz）的话说，泰坦尼克号不仅"成全"了无线电技术，还附带帮了沙诺夫的忙。

这个事件之后，沙诺夫开始痴迷于向更多的人发送信息。他希望建立一个不仅仅提供个体对个体传递信息的系统，就像电报员对另一个电报员那样，而是可以向网络中的所有人发送消息。他在1916年写了一份备忘录，概述了自己想做

媒体如何发现网络

家庭广播用的收音机,并将音乐通过无线电带进千家万户的想法,以及"音乐广播匣子"的概念。

无线电的黄金时代已经到来。

随着咆哮的 20 世纪 20 年代滚滚向前,广播得到了极大的普及,收音机的销量也很可观。美国无线电公司创建了两个网络:美国广播公司和美国国家广播公司。在 1929 年,工程师发明了将收音机放入汽车的方法,开启了在开车时收听音乐或新闻的新时代。

1929 年,沙诺夫成为美国无线电公司的总经理,这恰好发生在股市崩溃和大萧条前夕。但他没有减慢脚步,相反,他在展望一个比广播更广阔的世界,他想向世界传播图像。

沙诺夫不是科学家,但他是位智者及商人。他把这项技术挑战交给了他的首席科学家——维拉蒂米尔·斯福罗金(Vladimir Zworykin)。在 1939 年纽约世博会(New York World's Fair)上,他们准备通过大约 100 台电视设备对富兰克林·罗斯福(Franklin Roosevelt)总统的演讲进行直播,观众大约有 3 000 人。这是其迈出的一小步。但沙诺夫想更进一步,他想到了彩色电视。

我不仅记得家里使用黑白电视的时候,还记得当彩色电视进入我家时自己激动不已的场景。大卫·沙诺夫出色地为他的新产品创造了一项需求,他委托华特·迪士尼(Walt Disney)制作了一部叫作《奇妙的华特·迪士尼彩色世界》(*Walt Disney's Wonderful World of Color*)的演出。我的意思是,谁想在一台黑白电视机上看那台演出?

大卫·沙诺夫非常理解大众传媒的力量,即向大量观众广播信息的力量,但如今,他对网络的概念已经过时了。

YouTube 和新网络

今天，我们看到了媒体行业因互联网的崛起而改头换面，这次指的是真正的互联网。这不再是广播时代，那时还是少数人讲给分散的多数人听。这是一个信息之力直接流动的时代——文本、声音以及视频被网络的节点进行分散、评价和推荐。

就拿 YouTube 举例。不管从哪方面讲，YouTube 都令人印象很深刻。在 YouTube 上，每天都有上亿人在浏览内容，并有上百万受喜欢的视频得到评论和分享。YouTube 现在是世界上第二流行的搜索引擎。并且，如果你认为 YouTube 上主要是猫玩滑板这样的视频，那你就彻底地错了（不可置否，猫玩滑板的视频是有很多）。

YouTube 在旧金山开设了一家全新的、最先进的艺术工作室，邀请人们前来讲述自己的故事。在哪里？在 YouTube。任何人，没错，基本上是任何人都可以进去并免费使用那里的顶级设备来制作 YouTube 上的内容。我有幸去那里参观了该工作室，它真的太棒了！

在 YouTube 视频空间工作室的大厅，矗立着两台复古的街机游戏机，游客和雇员可以在那里玩《吃豆子》（*Pac-Man*）和《行星射击》（*Asteroids*）游戏。玩它们真是太精彩了。但它们是老旧的，它们是过去的遗存，以前在游戏厅里看到而且还是定制的、昂贵的机器，直到被微软游戏主机（Xbox）和索尼游戏主机（PlayStation）取代。最终成为在智能机上玩《愤怒的小鸟》（*Angry Birds*）那样的状况。

YouTube 不可能为自己的工作室找到更好的象征了，也不可能挑出更好的地点，新工作室坐落于休斯的直升机（Hughes Helicopters）旧厂房里面。实际上，一架霍华德·休斯直升机模型就雄伟地矗立在建筑物前。

我有两个孩子，年龄分别是 11 岁和 15 岁。可以很肯定地说，在数字技术成为常态的时代，我从他们身上学到的比教给他们的要多。我还注意到，我的小女儿越来越少地在白天看电视。偶尔会在电视机面前耷拉个脑袋看《爱卡莉》（*iCarly*）连续剧或者《海绵宝宝》（*SpongeBob SquarePants*）。但这种情况越来越少，相隔的时间也越来越长。

取而代之的是，她花更多的时间看 YouTube 上的内容。一开始，她在 YouTube 上搜索自己在电视上获知的东西。但后来情况发生了变化，她锁定了那些只在 YouTube 上显示的东西。

今天，我的女儿被 Smosh 频道所吸引。而我不能接受该频道上的节目，可能我看 Smosh 时的表情，就像我在她这个年龄追《神秘博士》（*Dr. Who*）时我父母脸上的表情一样。

今天，Smosh 有超过 1 200 万的订阅者，并有超过 26 亿的观看量。是的，数十亿。

Smosh 只在 YouTube 上播出。它的创建者并不想把它搬上电视，因为，"观众在哪里，我们就在哪里。而我们的观众就在 YouTube 上，不是在普通老旧的电视前。"换句话说，他们认为电视已经完全死掉了，而且他们可能是正确的。

Smosh 不是一个特殊现象。YouTube 上有上千个成功的频道，其中有些异常成功。YouTube 造就了数十位的明星。例如，蜜雪儿·潘（Michelle Phan）有一个展示自己化妆片段的频道，里面讲的都是美容产品，而且有着数百万的订阅者。YouTube 上的新兴明星都有一个共同点：他们都是二十几岁的数字原生代，他们一直都知道将事物进行数字化，他们不喜欢上电视。

很显然，下一代的奥普拉（Oprah）和杰·雷诺（Jay Leno）将不会出现在电视上，他们会直接在 YouTube 上诞生。这就是为什么 YouTube 在旧金山、伦敦和东京建了工作室的原因，其中位于旧金山的是旗舰工作室，设备一流。在霍华德·休斯曾经建造直升机的地方，下一代的天才们正在打造 YouTube 的流行人物、下一个 YouTube 魔鬼频道，以及下一代的内容。

我们正见证着一个时代的结束，然而电视不会很快消失。正如我们所知，那些看纸质报纸的人空闲时依旧是坐在电视机面前看电视节目。坦白来讲，为什么我们有了不断更新的图书馆，像葫芦网、奈飞、亚马逊金牌服务和网络电视公司（Aereo），在那里，我们既然可以在自己喜欢的时间看自己喜欢的内容，为什么还要看老旧的电视呢？或者，我们可以在 iTunes、亚马逊或者谷歌上立即找到自己想要的，为什么不这样呢？

大卫·沙诺夫看到了大众传媒的力量。今天，我们正看着网络之力成为媒体的新兴支配者。它就在我们眼前重塑着媒体，这很清晰：网络将最终胜出。

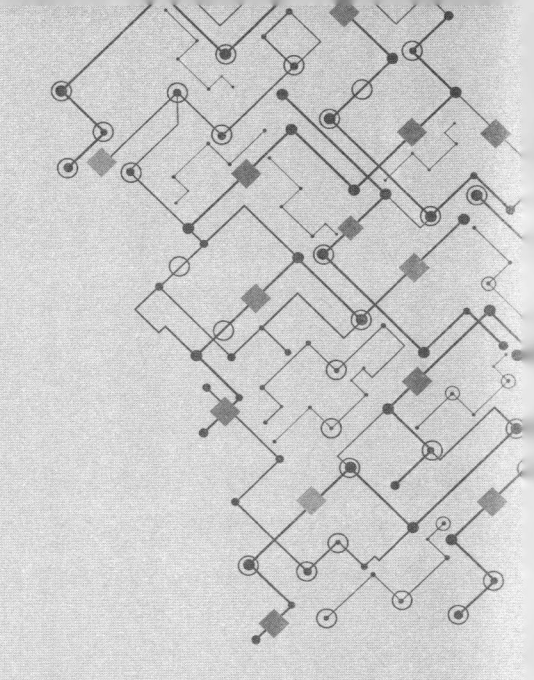

第 4 章

信息开始流动

过去我们认为,信息是静止的,就像水库或池塘里的水一样。忽然间,我们进入了网络时代,而信息开始流动起来了。

过去的信息如积水池般,而今天的信息就像河水一样流淌。为乘上顺水舟并在智能时代活下去,你需要理解信息为什么以及如何在你组织的内外流淌。

迪士尼的小小魔法世界

在 20 世纪 60 年代,美国达到自己的巅峰时代。美国作为全球超级力量的尖锋,成为了消费主义黄金时代的动力引擎。巨头公司成为这股新兴力量的主导者。这是科技时代、太空时代和原子时代的黎明,计算机时代已经到来,而纽约成为了它们的中心。

1964 年,纽约成为世博会的主办方。这届世博会既向世人展现了激动人心的成就,同时也是一个巨大的金融败笔。1964 年世博会的问题在于它没有得到官方的承认,不是一届"真正的"博览会。一群纽约商人构思好要在他们的城市举办一届世博会,并雇用罗伯特·摩斯(Robert Moses)来掌管建设及管理世博会的公司。摩斯选定法拉盛草地公园，即改造后的皇后区垃圾场，作为这个项目的地址。这是一场宏大的狂欢盛会，一个代表美国强大的庆祝盛会。

然而，在巴黎有一个名为国际展览局（Bureau of International Expositons，BIE）的国际组织。它主要的职能就是批准世博会的申办。当展览局听到纽约世博会这个荒谬的商业计划后，它将罗伯特·摩斯传唤到巴黎。摩斯在纽约是一个有影响力的人物，但巴黎人对他的英勇事迹并不感冒。当他使用媒体而不是传统的温和外交手段来为自己争辩时，国际展览局给予了无情的回击，正式要求其成员国抵制参加纽约博览会。

这几乎毁掉了此项目。几个大国如加拿大、澳大利亚和苏联都没有参加，这就意味着这些国家的民众不会来参展。但这却让不少小国家有更多的机会参展，他们大都是成群结队过来，就连梵蒂冈都拥有一个非常受欢迎的展馆。更重要的是，那些巨头公司获得了绝无仅有的展示机会。

福特汽车公司向世界展示了其标志性的福特野马（Mustang）汽车。西屋电气公司（The Westinghouse Corporation）推出了时间胶囊，计划在6939年打开。但在1964年世博会上最大的赢家不是别人，而是华特·迪士尼。迪士尼不愧为大师，华特·迪士尼制作公司设计并制作的展馆不少于4座。任何去过迪士尼主题公园的人都会在脑海中萦绕着《小小世界》的旋律，这首歌第一次在世博会上首发。作为一首主题歌，它为迪士尼提供了一个向全世界展示声音及动作模拟技术（Audio-Animatronics）的机会，那是结合电机学和计算机科学来控制类人机器人出演某些场景的一项技术[①]。

---

① 伊利诺伊州馆的亮点是一个展示真人大小的亚拉伯罕·林肯的声音及动作模拟技术展示舞台。"和林肯先生在一起的伟大时刻"包括林肯演讲的短文。还具备超过250 000种组合动作的能力，包括微笑、皱眉和手势，这个机器人的声音来自演员罗亚尔·达诺（Royal Dano）。

第 4 章
信息开始流动

这一事件的巨大成功激励着华特·迪士尼去建立一些比世博会更持久的东西。他决定设计、建造一个展望未来的永久社区，一个对明天的永久展示。也许会叫作明日世界（Epcot），这是未来社区的实验性原型（Experimental Prototype Community of Tomorrow）的首字母缩写。他想象中的明日世界永远不会完成，会一直引进、实验，然后示范新材料和新系统。可惜，迪士尼在1966年去世，他的想象到现在还没有成为现实。

孩童时期，我曾去过明日世界，它真的很神奇。在世界持久扩张的氛围下举办的科技展览，对年少的我来说很是刺激。

最近，我和我的孩子又去了一趟，他们觉得没有像之前那样兴奋了。真的，让一项"新技术"在30年里充满新鲜感不是那么容易，而且许多的展示及景点显得有些怪异、乏味过时了。甚至其中的一些展示给人感觉像是复古派，而不是未来派。

上次经历中最令人感兴趣的是魔术手环的使用。我的孩子们很喜欢这个，它是迪士尼在2013年底引进的，魔术手环是一个腕带，里面包含多项功能的电脑芯片，你可以用它打开自己在迪士尼宾馆的房间门、在游泳池边预订饮料、进入公园、支付餐费，或者在无处不在的礼品店购买纪念品。

魔术手环使用起来极其简单，你只需将腕带对准游乐设施、商店及餐馆的米奇形状的接收器即可。对于使用者而言，使用多合一设备极其方便，也减轻了旅行重量，不需要钥匙、钱包、信用卡或者现金带来带去。而对于迪士尼公司而言，这无疑是一个巨大的信息金矿。

每一个携带魔术手环进入迪士尼乐园的人，他的一举一动都可以被观察到。游客的消费习惯及园内游客的流动，为了解每个游客的度假经历提供了意义深远的资料。迪士尼公司可以做到如何去最大化公园的人流量，最大化商店及餐馆的收益，并保证游客的门票得到最佳利用。

对于这类信息，尽管我们在几年前还不能够完全了解，但它的数量值得研究。所有迪士尼世界度假村主题公园合起来每年大概有 5 000 万游客。如今迪士尼公司就可以跟踪这 5 000 万游客的动向，定位到他们去了哪里、他们吃了什么以及参观了哪些景点。这些行为所产生的数据量是非常大的，而且越来越大。它就像著名的科幻小说作家道格拉斯·亚当斯（Douglas Adams）描述的空间那般："空间很大，真的很大。你简直无法相信它那广袤、极端、令人吃惊的巨大。我的意思是，你可能认为到一家药店要走很长的路，但对空间而言就是小菜一碟。"

信息流动起来了

在过去的几年间，信息雪崩般向我们涌来。信息增长的速度看起来不像是降低了，相反，它还在加速。但这种体验最重要的一部分是我们现在分享、传播、转发的信息比以前更多，所以根本性的变化不是凭空增加了那么多信息（尽管有增加），而是我们将信息推动得更加快了。

关于这一点，我最喜欢举的例子是基于地理位置的社交应用商 Foursquare 的崛起。它于 2009 年在纽约成立，Foursquare 允许用户与朋友联系，并在某一地点"签到"。它的成功就犹如流星般迅猛，成立后的 4 年里就有了超过 20 亿的签到次数。人们坐上公交车时签到，开始上班时签到，吃午餐时签到，在星巴克买咖啡时签到，当和朋友去酒吧时也签到。刚开始这看起来很傻，但很快就成了一件有意义的事情。人们想在网络上进行分享。如果你没有产生流淌在网络中的信息，你就是个隐形人。如果你是隐形的，你就相当于在网络世界中不存在。

这产生的流量是令人难以置信的。现在，你通过信息流可以看出一座城市、城镇、区域、国家、超市、商场或机场的生命脉动。信息的悸动、用户活动流量的节奏和节拍可以作为一个地方活力、生命力、令人兴奋程度的标志。这允许我们能够了解社会的结构以及如何去影响它。

实质上，信息的流动只有在网络上才变得清晰可见。

多年来，我们试图在储存器中捕捉信息。我们建立了数据库来储存所有和我们生意及公司相关的数据。而我们建立的数据库简直就是信息的监狱。如今，情形完全不一样了。公司外部的数据流已经比我们建立的数据库及数据仓库大了好几个数量级，而且这还只是个开始。

现在发生的转变就像那些池塘及河流。过去，我们以静态看待信息，就像水库或池塘。忽然间，我们进入了智能时代，而信息开始像河流般流动起来了（如图 4-1 所示）。如果你想在智能时代做一番事业，那你就必须要了解信息流动的方式。

图 4-1　信息的变化

信息论之父——克劳德·香农

信息论之父是克劳德·艾尔伍德·香农（Claude Elwood Shannon）。他是一位非凡的数学家和工程师，还是20世纪最伟大的天才之一。他身材瘦长，为人风趣。

克劳德·香农生于1916年，在美国密歇根州的一个农村长大。他在孩提时就极其聪慧，经常设计制作精巧的电子设备，其中就包括能够联结半英里外朋友家的无线电报系统。他高中毕业被密歇根大学录取，后来在麻省理工学院（MIT）继续深造。1937年，他拿到了硕士学位，其毕业论文的题目是《继电器与开关电路的符号分析》(*A Symbolic Analysis of Relay and Switching Circuits*)。在他的论文中，他在构成所有电子数字计算机的数学逻辑基础上进行了拓展。

1964年，IBM公司在世博会上展示的"智慧"（Think）视频，基本上是香农那一篇论文的可视化演示，该论文被称为"或许是20世纪最重要的、当然也是最著名的硕士论文"。

但香农才刚刚热身。

1940年，香农成为新泽西普林斯顿高等研究院（the Institute for Advanced Study in Princeton）的一名国家研究员。在那里，他有了和显赫的科学家如约翰·冯·诺依曼（John von Neumann）一起工作的机会，以及与天才如阿尔伯特·爱因斯坦和库尔特·哥德尔（Kurt Gödel）进行交流的机会。在普林斯顿期间，有一次，香农正在给数学家们授课，当时后门是开着的，爱因斯坦走了进来。几分钟后，爱因斯坦对坐在后面的一个人低声耳语了几句，然后匆匆离开了。香农等不及就匆匆结束了他的课程，来到教室后面，询问那位坐在后排的人，爱因斯坦对自己的课都说了些什么。得到的回答是："爱因斯坦问卫生间在哪儿。"

在普林斯顿的岁月里，香农开始将众多学科的知识融会贯通，从而逐渐形成了信息论的概念雏形。

再后来，香农决定离开普林斯顿去坐落于新泽西州茉莉山的贝尔电话实验室（Bell Telephone Laboratories）工作。那是世界上最接近科学圣殿的地方。前后有 7 位科学家因在贝尔实验室进行的实验而获得诺贝尔奖。贝尔实验室的研究人员发明了晶体管、激光、射电天文学以及信息论。

1943 年早期，香农联系上了英国一流密码专家和数学家艾伦·图灵（Alan Turing）。图灵在第二次世界大战中发挥了重要作用，当时他在布莱切利公园的政府密码学校（Government Code and Cypher School，即英国密码破译中心）工作。某日下午，香农和图灵在贝尔实验室的咖啡厅相遇。很显然，图灵在密码学上的工作和香农在通信理论上的工作紧密相关，也就是说，如何在通信系统中排除围绕着传输信号的干扰——"噪音"，并提取出正确的"信号"。

1948 年，香农写下了《通信数学理论》（A Mathematical Theory of Communication）这篇论文，它被称为数字时代的大宪章，这是我们所知的信息论的根基。香农发现，你可以毫不失真地发送信号，即使是在一个嘈杂的环境中。他提出将所有类型的数据——像图片、音频或者文本，转换成为 0 和 1，这样就可以进行精准的通信。

这是一个全新的领域，他的远见出现在通信还是模拟的时代。那时电话将人的声音以波的形式进行转播，大致模拟人的发音。语音通话和电报信息需要不同的通信线路。香农意识到所有的事物，一旦分解成数字信号，就可以在同一个线路上进行传输。数据将会简化为信息位元，让信息传输通过其无序性或随机程度（即熵）进行衡量。

将香农的这个概念叫作熵，实际上是约翰·冯·诺依曼的主意。根据记载，冯·诺依曼告诉香农："反正没有人真正理解熵是什么东西，所以你可以把你发现的叫作熵。既然没有人理解这个，也就不会有人来难为你。"

简单来说，香农基本上发明了数字通信，现在被广泛用于电脑、唱片以及手机。除了通信领域以外，一些领域如计算机学科、神经生物学、密码破译以及基因学都因香农的信息论而发生变革。如果没有香农的工作，我们所知的互联网就不会被发明出来。

尽管如此，香农依然非常谦逊。20世纪80年代，在离开信息论领域很多年后，他悄悄地出现在一个国际会议上，希望能听到自己创建的学科领域有什么最新研究发现。他低调地坐在观众席上，直到观众突然发现该理论的创建者就坐在台下而开始骚动起来。一位与会者说："那就像艾萨克·牛顿在一个物理研讨会出现一样让人兴奋不已。"当人们发现香农后，便簇拥着他走上主席台，香农这才不得不发表了一段简短的演讲，还玩了几下杂耍球。然后，与会者排队索取他的亲笔签名。

玩杂耍是香农一生中主要的爱好之一，还有一个就是骑独轮车。如果你在20世纪50年代早期去访问贝尔实验室，你可能就会在实验室走廊看到克劳德·香农边骑着独轮车边耍三个球的情景。今天在我们这个年代，如果你对Facebook和谷歌公司工程师的办公室用一些奇异的艺术品进行装饰，并充满了各种古怪的减压活动而感到很特别的话，那这样的习惯都应该来源于克劳德·香农。

香农设计并建造了棋牌、解谜、杂耍以及读心术的机器。杂耍对他而言，既是一个爱好，也是一项科学。他发现了一个独特的杂耍理论来计算你能向宇宙中任何一个地方抛几个球，而这一切都是基于星球的重力以及杂耍外星人有几只手来计算的。在他的办公室摆放着一个他设计并建造的模仿威廉·克劳德·菲尔兹（W.C. Fields）杂耍的人体模型，还有一台外号04 THROBAC 的用罗马数字进行计算的计算机、一个火箭助推飞盘、一个电动弹簧单高跷。1990 年，在接受《科学美国人》杂志的采访时，香农说："我一直在追求自己的兴趣，而没有考虑经济价值或对世界的价值。我在许多完全没用的东西上花费了很多时间。"

1958 年，香农在麻省理工学院教学，传说他的办公室里有很多过期未兑现的支票。香农非常富有，部分是因为他在早期基于自己的理论明智地买进当地一些高科技公司的股票。金钱大概对他来说不是回事，尽管他的朋友们说他通过精明的投资，以及将他的理论应用于股票市场获得了收益。还有就是，香农会去赌场赌一把。

对那些科学头脑来说，充满诱惑的赌博是一剂强有力的兴奋剂。拉斯维加斯成为测试信息论、博弈论以及概率论交叉部分的地方，吸引着一些具有信息思维的最聪明的大脑。

香农也不例外。除了他自己的小把戏，他还是一名合作发明者，他和麻省理工学院的数学家爱德华·索普（Edward Thorp）一起发明了第一台可穿戴电脑。他们一起构思了一个可以在自己玩轮盘时提高获胜概率的设备。

香农和他的妻子贝蒂经常与索普夫妇在周末一起去拉斯维加斯，使用那个依据香农理论建造的设备。当他们在玩轮盘时，他们的妻子会进行监视及操作，检查赌场是否在怀疑什么，实际上他们从赌场中小赚了一笔。香农和索普在股票市场使用了后来被称为凯利规则（Kelly criterion）的理论，并得到了很好的结果。

索普和香农意气相投是在意料之中的，他们都非常具有天赋并尤其爱玩。索普在 1962 年写了第一本书，从数学上证明了 21 点游戏中，庄家优势可以通过记牌来抵消掉。

索普曾在麻省理工学院用一台 IBM 704 进行编程，来研究在 21 点游戏中的胜率问题。他用麻省理工学院的电脑进行计算，然后找到了提高自己胜率的方法，尤其是在每轮游戏中牌组接近最后的时候。

索普随后决定在实践中，如在雷诺、太浩湖以及拉斯维加斯检验自己的理论，但他首先需要一笔启动资金。

曼尼·金摩尔（Manny Kimmel）是一位专业赌徒，同时也是有名的黑社会人物，与许多犯罪团伙都有瓜葛。索普从他那里得到了一笔 10 000 美元的种子资金来实践他的理论。金摩尔创建了金尼停车公司（Kinney Parking Company），那是一家新泽西的停车公司，后来这家公司和一家名叫河岸（Riverside）的殡仪公司合并，之后公司扩展到租车、办公室清洁及基建行业。1966 年，金尼停车公司和国家清洁公司（National Cleaning Company）合并成为金尼国际公司（Kinney National），然后又经过了一个积极扩张的阶段：首先拿下了艾希礼著名人才机构（Ashley-Famous talent agency），然后是 Panavision 公司，在 1969 年收购华纳兄弟公司（Warner Bros）。在 1971 年历经泊车事业部的一场财务丑闻后，其非娱乐资产再次剥离，剩下的公司重命名为华纳通信公司（Warner Communications），即今天的影音帝国华纳时代公司的前身。

也就是说，麻省理工的数学家爱德华·索普拿着来自华纳时代地下创建者的钱，去往雷诺和太浩湖测试麻省电脑算出的关于 21 点的程序。测试结果证明很成功，他的理论也很有用，他在一个周末就赢了 11 000 美元。如果他不是因为被赌场安全人员怀疑作弊而被扔出赌场，并拉入不受欢迎名单的话，索普有可能会赢得更多。随后，索普来到拉斯维加斯对其盈利系统做进一步的测试，索普时常用面罩型太阳镜以及假胡须来伪装自己。现在，赌场会在一局的最后阶段进行洗牌来应对他的这个方法。

索普将他的实验真的当成学术实验——这可能是有史以来计算机第一次被用作赌博辅助设备。索普随后加入了尔湾市的加利福尼亚大学教授数学，并成为一名成功的对冲基金经纪人。

赌徒谬论

在数学、概率论、博弈论、信息论与巨大的金融收益之间，似乎有着令人感兴趣的关联性——就像一杯迷人的鸡尾酒。

我们都能感受到有一种奇怪的、令人陶醉的推动力在那里——为了赢，为了战胜所设置的程序，为了破解博彩的模式。但很多时候我们会被这个错误的信念给害了，落入赌徒谬论这一陷阱。

最著名的赌徒谬论的例子发生在 1913 年 8 月 18 日，那是蒙特卡洛赌场（Monte Carlo Casino）的一局轮盘赌。那个夜晚，一群人围在一张轮盘赌桌周围，轮盘转了几圈后停在了一个黑色数字 26 上。这个球有好几次落在了黑色数字 26 上。赌徒们在那个夜晚为和黑色斗气输了数百万法郎，他们都认为是手气差导致随机的轮盘出现了"失衡"，这将会引起一段很长的红色走势。然而他们都错了，而赌场才是赢家——而且是大赢家。

从长远来看，赌场总是赢的，但是今天我们看到了现代玩家的到来，他们利用概率论和信息论以全新的方式窥探其内在模式。以信息科学为基础，这种方式在帮助企业有效利用大量数据和信息上具有极大的潜力。但再说一遍，这种方式是以赌博开始的。

信号和噪声 2.0 版

纳特·西尔弗（Nate Silver）是一位谦逊、安静甚至害羞的人，戴着复古眼镜的他，还让人感到有一股书呆子气。他可以很容易让你误以为他是名沉默寡言的 IT 极客，或者是一位在金融部门职位低微的会计。实际上，他的确都符合上述两点。但今天的他却是蓬勃兴旺的数据领域中热门人物之一。据传，他能看见未来，但至少能预测未来。

纳特·西尔弗生于 1978 年 1 月，在很小的时候就展露数学天分，在 6 岁时他就发现了棒球比赛中的一个漏洞。尽管他不玩棒球，但还是希望能预测棒球比赛的结果。他利用数据进行预测。用于棒球分析尤其是在棒球比赛中测算统计数据的活动，叫作赛伯统计学（sabermetric）。这个词组中的 SABR 是美国棒球研究学会（Society for American Baseball Research）的首字母缩写。纳特·西尔弗是棒球统计学名人堂里面的重要成员。

出色的棒球统计并不是纳特·西尔弗出名的原因，其出名则是在选举学（psephology）领域。选举学是与选举相关的研究及科学分析的一门学科。选举学利用历史的投票数据、民意调查、竞选财务信息，以及各种各样的统计数据来理解并预测选举的结果。

2007 年，纳特·西尔弗开始着迷于美国总统选举的选举学。他利用在棒球统计学中学到的东西，试着分析和预测 2008 年在巴拉克·奥巴马和约翰·麦凯恩之间进行的美国总统选举。

他刚开始以"青椒"（Poblano）的笔名发表自己的研究成果，并随后在其大受欢迎的博客"FiveThityEight"上发表。在 2008 年的选举中，西尔弗正确地预测了美国 50 个州中 49 个州的选举结果。他唯一犯错的州是印第安纳州，结果是奥巴马以 1% 的优势获胜。西尔弗不仅仅成功预测了下一任总统，而且他还正确预测了当年美国 35 个州的参议员人选。

到了 2010 年，西尔弗的想法得到了主流的认可。2012 年和 2013 年，其博客"FiveThityEight"获得了威比奖（Webby Awards）的最佳政治博客奖。他预测的能力如此之强，以及人们对他的预测方法如此地坚信，以至于奥巴马的竞选团队都来向他咨询。

西尔弗排斥学院或大学中所教授的关于统计方法的大部分思想。他相信更广阔、更多样化的数据来源而不是今天传统统计学所使用的"正统"方法。相对于"纯粹却无用"的数据组，西尔弗更倾向于用更加"乱七八糟"的数据来源进行预测。他认为，为了预测结果，你首先要理解棒球、选举或其他不确定的过程是如何运转的。你必须更好地了解哪些方法是可用的，而哪些是没用的。因为只有这样，你才能将统计学工具发挥到极致。

西尔弗成为了大数据的海报男孩。他的书成为了你如何使用数学建模、概率和统计学处理大数据方法的圣经。

一项推动大数据应用的技术是以一只毛绒玩具象来命名的，这一技术能够让我们处理大量的数据。该项技术发明者是道格·卡廷（Doug Cutting），玩具象是他刚出生儿子的，道格·卡廷给它起名叫海杜普（Hadoop）。

像易贝、谷歌和雅虎等公司已经开始在公司内部建立大数据库，存放其追踪用户而获得的信息。易贝用户在其网站上对其大量商品的点击产生了数量巨大的记录。类似地，不同用户点击谷歌或雅虎的搜索结果也产生了数量庞大的信息。然而，即使最先进的技术也无法有效利用所有的数据。20世纪的数据库技术也从未想象到如此巨量的数据。

这个问题的答案出自谷歌公司的天才工程师们。他们在2004年刊发了一篇名为《并行编程技术》(*MapReduce*)的论文。并行编程是使用并行且分布的算法处理大量数据的一种编程模式。它允许从实质上把计算任务的难题分配到几个平行的节点上，以对大量的数据进行筛选和分类。

你可以将查询任务分散给许多平行的处理器来处理，从而让搜索更快响应并更具可扩展性。当道格·卡廷开发出一种开源且接近于谷歌提供的并行编程技术时，他还只是雅虎公司的一名雇员。为了给这项技术起个名字，他想到了自己儿子的玩具象。

从那以后，世界已经为大数据而疯狂。企业家们意识到为了应对正在产生的大量信息雪崩，他们需要更先进的技术来收集观点、找到模式并推论出其意义。基于海杜普的构架，衍生出了一个全新的产业及大量的软件公司、解决方案供应商以及咨询公司，它们一起向全世界展现大数据的能力。

但是，大数据不是魔法。你不能简单地将找到的所有有关奥巴马及罗姆尼(Romney)的数据扔进基于海杜普算法软件里，撒上一些魔法粉，念一些咒语，然后就能得出下一届美国总统是谁。

我们越来越意识到，今天我们所用到的技术已经可以更多地、更快地、时效性更强地处理信息。不过，我们还需要一个人来赋予其意义，尽管这不是骗人的把戏，但是我们依然需要对得出的结果给出正确的解读。

战争中的数学应用

也许在物理学领域，与纳特·西尔弗观点对立的是肖恩·古尔利（Sean Gourley）。肖恩祖籍新西兰，他看起来不像个呆板的计算机程序员，而更像一名有着田径运动员的完美身材的冲浪男孩，也许他是一位有着田径背景的冲浪男孩[①]。

肖恩在新西兰长大，获得过罗德奖学金（Rhodes Scholarship），然后在牛津大学攻读物理并获得了博士学位。一开始，肖恩在做纳米技术方面的学术研究，但他很快就对复杂适应系统的世界着迷。他开始努力理解庞大而复杂系统行为的模式并进行运用。他的博士毕业论文导师建议肖恩将他的想法或算法应用于战争中。

肖恩开始在笔记本电脑中装上关于战争的各种信息。很幸运的是，战争被广泛地记录了下来。他的笔记本开始了解从希腊战争到拿破仑战争中的各种模式，并得出很正确的结果。但肖恩希望有机会能测试下自己的算法。他决定向电脑中输入当时正在进行的战争——阿富汗战争中他能获得的所有公开信息。

很快，肖恩不仅能够利用他的大数据算法来绘制阿富汗战争的模式，还能够准确地预测下一次轰炸、巨变、骚乱或动乱可能会在哪里发生。通过分析中东暴力事件的原始数据，古尔利找到了战争和袭击事件频率之间一个惊人的数学关系。他在《自然》（Nature）杂志上发表了这一发现。两天后，美国特勤局的特工对他进行了传唤，就他的发现讯问了数天，特工们对肖恩所得到的结果产生了质疑。在弗吉尼亚的兰利有700多位专业的研究人员，与肖恩研究完全一样的题目，得出的结果却没什么价值。这怎么可能？这让他

---

① 可以搜索一下肖恩·古尔利关于"战争中的数学"的精彩的TED演讲。

们摸不着头脑。

于是，肖恩被释放了，但他意识到自己技术的力量。他离开了学术界，搬到旧金山，并从风险投资人那里筹集到足够的钱，创立了自己的公司——Quid 公司。Quid 公司所构建的工具就是基于他开发的战争算法和数学，来赋予数据意义，寻找信息中的含义和模式。今天，他的客户群相当可观，很大一部分客户来自美国军方和情报部门。

但是，支撑 Quid 技术的基本理念、并嵌入肖恩·古尔利所开发的思想中的是这样一个核心理念：这不仅仅是技术，是人类和技术的结合才产生了奇迹。肖恩·古尔利将这个理念称为"增强智能"（augmented intelligence）。唯一能诠释巨大信息含义并理解其模式（能真正地将信号和噪音分开）的方法只能是将具有独特创造性的人和刚刚出现的新一代技术结合起来。

大数据不是一个能将数据可视化的魔法解决方案。我们依然需要数据科学家的专业知识来夯实这些见解。这些科学家将在接下来几年中成为商业界的摇滚巨星，他们是数据头脑和内在商业本能巧妙的结合体。现在已有少数这类人，并且他们都很抢手。这可能也是那些数据科学平台如卡歌网（Kaggle）能如此成功的原因，即由于组织内部缺乏这样的天才，并且似乎不容易找到并聘用到这样的人才。如果你的孩子说他想成为一名数据科学家，我建议你开瓶香槟，坐下来，并为他光明的前途庆祝吧。

图形统治世界

现在我们开始看到，在社会、商业以及我们社交生活中显现出来的是这个世界完全被网络主宰着。我们观察周围动态事物的方法不仅仅是关注孤立

第 4 章
信息开始流动

的个体或分散的项目,而是观察它们之间的联系。网络统治着世界,包括生活和商业中的方方面面。但长期以来,我们的技术界、我们对信息的设计,以及我们的组织内部都在试图忽略这一点,而是喜欢以一个严格的、更加结构化的以及更具层次感的视角来看待生活。一旦我们进入了网络时代,这些方法将不再起作用,我们必须学会去适应。这无疑是个挑战,但也有好消息,即此问题已经通过数学方法解决了。实际上,我们已经算出来很久了。

1735 年,瑞士数学家和物理学家莱昂哈德·欧拉(Leonhard Euler)解决了哥尼斯堡七桥问题。在欧拉的年代,哥尼斯堡是重要的科学和文化中心而且也是东普鲁士的首都。直到第二次世界大战末期,它一直是德国东部最大的城市。现在,它作为俄罗斯联邦的一部分,以加里宁格勒而著名。但这座城市可能会因其历史上的数学谜题更加出名。哥尼斯堡坐落于普雷格尔河两岸并包括两座比较大的岛屿,在欧拉的年代,它们靠着 7 座桥连接彼此以及大陆(如图 4-2 所示)。

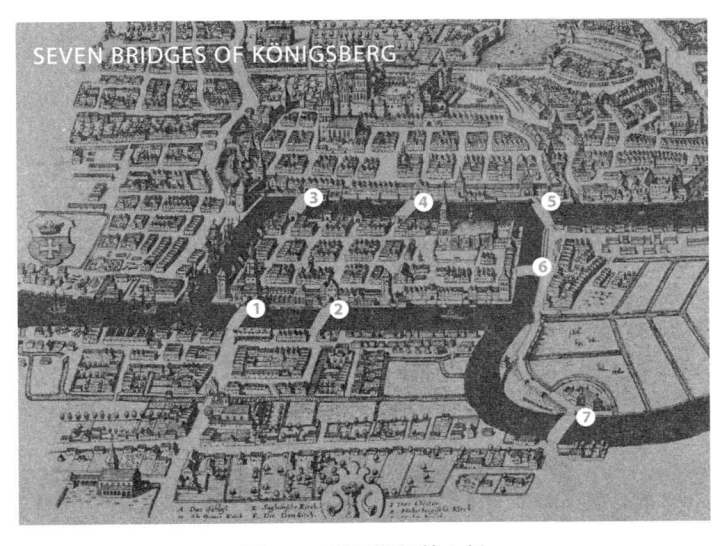

图 4-2 哥尼斯堡的七桥

75

问题是这样的：你如何在一次行走中跨过全部七座桥而不重复经过任何一座桥，再回到原出发点？

莱昂哈德·欧拉明确证明了这是不可能的。他证明出这个问题没有答案，而且在他的证据中，他列出了一个名为"图论"（graph theory）的数学基础定律。图论考虑了一个问题的拓扑结构，即网络结构。在这个问题中，河流、岛屿以及桥进行相互连接的方式是理解此题能够解决的重要因素[1]。

正是因为图论，我们见证了一个完全以网络和联系为特征的社会早期状态。

埃米尔·艾弗雷姆（Emil Eifrem）是NEO科技公司的创始人，其公司坐落于美国硅谷，公司创建了一个完全基于图论的科技数据库。NEO科技公司的产品是一个图形数据库，允许公司发挥高度联结数据的杠杆作用，来获得新的洞察力及竞争力优势。

埃弗雷姆是这样描述图形的巨大影响的："在新千年的头十年，我们已经看到了几项改变世界的新商业，它们出现在生活中，包括谷歌、Facebook和Twitter。它们有一个共同的脉络，即它们将相互联结的数据——图形——放在自己业务的中心位置。例如，创建Facebook的想法是离散人们的信息（他们的名字、所作所为）是有价值的，它们之间的联系有着更多的价值。"

Facebook的创建者马克·扎克伯格之所以打造这个帝国，是因为他认识到自己可以藉此捕捉到用户间的人际关系，他称这个为社交图谱。而且世界

---

[1] 顺带提及下，在哥尼斯堡原有的七座桥中，有两座没能在第二次世界大战中保存下来。另有两座后来被毁，然后被现代高速路所代替。剩下的三座还保留着，其中只有两座是真正来自欧拉那个年代的。所以，哥尼斯堡的七桥问题如今实际上已经变成了加里宁格勒的五桥问题。对于这个问题，实际上有一种欧拉路线是可以的，但必须在一座岛上开始而在另一座岛上结束，这对游客来说是不切实际的。

上任何领域任何组织的企业都开始认识到，他们的公司是在一个将步入网络化的市场中运行的。企业都意识到这样一个事实，网络是商业中的主导结构，而图谱则统治着世界。

我还没有遇到过有哪家组织能够全盘接受网络的可能性。如果遇到了，我肯定就不会写这本书了，但有些企业的确在充分利用网络的主要特征并进行了显著的改革。

例如，在2014年初，有着数10亿收益和1 500名员工的捷步公司（Zappos）的首席执行官托尼·谢家华（Tony Hsieh）宣布，他将彻底改革自己的公司，使其更加扁平化、更具协同合作性，他称之为合弄制（holacracy）。正如谢家华解释的，他们正"研究如何把捷步塑造得更像一座城市，而不是一家官僚公司"。思科公司在其入驻创业者计划（Enterpreneurs in Residence）中也大胆地投资于更加开放的创新型企业，它与加入其企业孵化项目的、具有宏大想法的早期创业者合作，提供企业解决方案。三星电子公司已经转变成众包模式：向全世界宣布了开发Gear2代智能手表应用的挑战——三星智能手表应用挑战（the Samsung Gear App Challenge）——目的是支持其可穿戴产品的应用市场。但在这里说就有点为时过早了。

富人俱乐部

回到1897年，意大利的经济学家、社会学家及哲学家维尔弗雷多·帕累托（Vilfredo Pareto）注意到，不同社会及不同国家中的人们有着巨大的社会和经济差异。他发现意大利20%的人口拥有80%的土地，这就是非常著名的80/20定律，帕累托也因这个发明而闻名于世。他还使"精英"（elite）这个词在社会分析中得以广泛使用。

当讨论网络时,其中一些节点比其他更有影响力,我们常使用"加权网络"(weighted networks)这个词来描述。在这样的网络中,每一个节点的权重对应着影响力、重要性或者力量大小。这些节点可以是神经细胞、个人、公司、团体、组织、机场甚至国家,而联结关系的形式可以是友情、交流、合作、伙伴、盟友或者信息流。

帕累托向我们展示出真实世界中的一些元素比其他更有影响力,同样的情况可以应用到世界图谱或网络中。网络节点中的少数部分可以引起网络中多数群体的变化,但不是所有的节点都平等,一些人就是比其他人更具影响力。

马克·格兰诺维特(Mark Granovetter)是美国斯坦福大学一名具有影响力的社会学家,他在社会网络理论有着相当多的建树。他早在1973年就曾讲过社会网络中信息传播的动态学——记录在一篇名为《弱连带优势》(the strength of weak ties)的文献中。那时距离马克·扎克伯格出生还有11年。

格兰诺维特认为,社会关系在社会网络中的力量是它们的持续时间、情感强度以及服务交换的功能。他的思想在Facebook、Twitter、Instagram以及Snapchat上已成为现实。它们也进一步证明了在我们看到的每一个市场或每一个人进行互动并交换信息的组织中,网络动态正在成为主导力量。

而我们正在观察的大部分网络都表现出一种被称为"富人俱乐部"的网络行为。这个名字源于对社会系统的分析(通常是乡村俱乐部、校友网或精英社交圈),在那里超级重要的个人——相互联结的富人们,往往形成一个更高级的互联俱乐部。那些富人俱乐部通常具有非凡的影响力,也极具权力,并且也是增长、进步及财富的动力。

当网络中心节点间的联结变得比其与低等级节点联结更加稠密时，网络中的富人俱乐部现象就会出现。这种现象现在随处可见，例如，电力输送网中，强连通（strongly connected）发电站可以很轻松地将电力负荷从一个电站中分散到另一个电站，以减少严重故障发生的可能性；我们在航空业及物流网络中也可以看到富人俱乐部现象的存在；我们还可以在大脑神经网中看到富人俱乐部现象：一些发电站比其他的更重要，一些机场比其他的更重要，一些神经细胞比其他的更重要。

即使在我们的日常活动中，富人俱乐部网络的建立也是至关重要的。最近有研究表明，一个大学学生团体在第一周的课堂上交流频繁并在这个学期中保持信息交流——互相之间占据优势，他们将会比班里其他人的表现好。

这些学生可能自己没有意识到，他们之间已经形成了一个"富人俱乐部"，并从他们的学术之旅中获益。

正如帕累托所说，网络中有联结的精英团体通常是进行创新的动力所在。我们人类的大脑也是以网络方式来做事的，而且灰质层中也存在着"富人俱乐部"。头脑里神经系统的"富人俱乐部"只占全部结构很小的一部分，但它们承载了信息流中的绝大部分。

利用网络的力量

我最基本的信念就是，组织如果想继续存在就必须成为网络。这种信念的基本观点就是企业如今生活在一个外部市场成为信息网络的世界中。如果外部是一个网络，内部也就必须形成一个网络。

每个人都可能利用网络的力量，但为了能做到这一点，你需要了解控制它们的定律。我把网络看作未来公司的蓝图，主要是基于以下三个基本定理：

1. 信息在网络中流动得更快；
2. 智能在网络中筛选得更快；
3. 创新在网络中进行得更快。

信息在网络中流动得更快

今天，我们真正地生活在信息革命的时代中。获取信息的途径无处不在，信息也比任何时候流动得更快，但信息同时也比以往更新得更加迅速（如图4-3所示）。

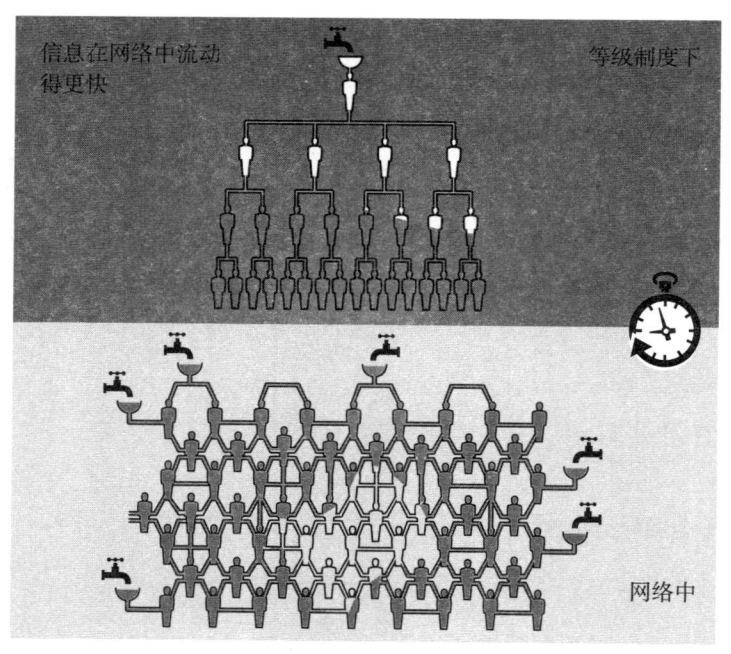

图4-3　信息流动在等级制度下与网络中的对比

第 4 章
信息开始流动

大数据的本质并不是体量大。大数据不仅仅是包含信息的大量数据，更是关于信息的速度。我们所看到的正在发生的最大转变是，信息曾经是静态的，而现在信息已经开始流动起来了。

网络的巨大优势就是其中的信息流动得比在等级制度下更加迅速。从本质上来看，网络自然而然地将信息池塘转变为了信息河流。今天的组织需要这些信息之河来满足网络所需要的速度。

最熟知的例子可能就是流言蜚语了。每个人都知道，流言蜚语在组织中传播的速度比任何官方信息在等级制度下的传播都要快。流言蜚语喜好人脉广泛、消息灵通的人们。如果你充分利用"富人俱乐部"的创新和客户流动，你就能够让你的组织行动得比以往更加快速。网络模因（Internet memes）是另一个例子。它们很蠢，但能像野火一样穿过我们的社会化网络。很少有人不熟悉"不爽猫"或者"查理咬了我的手指"这些网络段子。如果不是网络，这些"战略"信息中的精华部分就不会被我们知晓。

智能在网络中筛选得更快

第二个定理是关于智能。当然，信息仅仅是这个图片的一部分。关于它的解释、模式和智能才是重要的。正如克莱·舍基（Clay Shirky）观察到的，企业并不会因为信息过量而受苦；它们会因为过滤失效而受害。我们只是没有一个正确的信息过滤器从信息中提取出智能罢了。

这不是个新鲜说法。1982 年，约翰·奈斯比特（John Naisbitt）曾预言，企业"信息将会过载，但知识却会匮乏"。

但我们在外部网络中看到的是，网络成为一个极为有效的过滤器，并为社会中的反馈、参与者的评价以及主题的评论提供了非常强大的过滤机制。

81

能充分利用网络作为过滤器的企业将会在信息中更快地提取出智能，富人俱乐部的存在相当于解放了一种有力的过滤机制。我们必须发现它们并了解其模式，然后进行过滤，即将信息流转变成真正的过滤机制（如图 4-4 所示）。

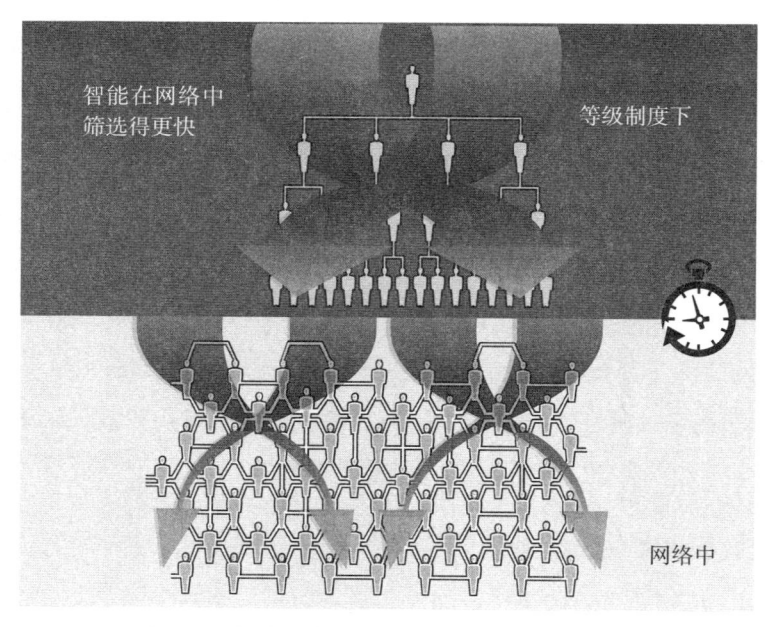

图 4-4　智能在等级制度下与网络中的筛选对比

创新在网络中进行得更快

整个世界已经对创新上瘾。创新的时钟正在加速，对下一个新事物的追求让人激动不已。但许多企业并不能妥善处理，许多组织觉得它们的基本惯性正在拖后腿，并且它们无法在这个提速的竞赛中进行竞争。

许多企业在其内部都有极其聪明的人，但他们却在老派的、等级制度的命令及控制的结构中被束缚住。这就阻止了创新流通并拖住了众多组织。

第三个定理描述了创新在网络中比在等级制度中进行得更快（如图 4-5 所示）。新项目启动建立在其他人的工作基础上，开源的初衷建立在集体智慧上，创新依靠网络的多样性和差异性得以滋生。

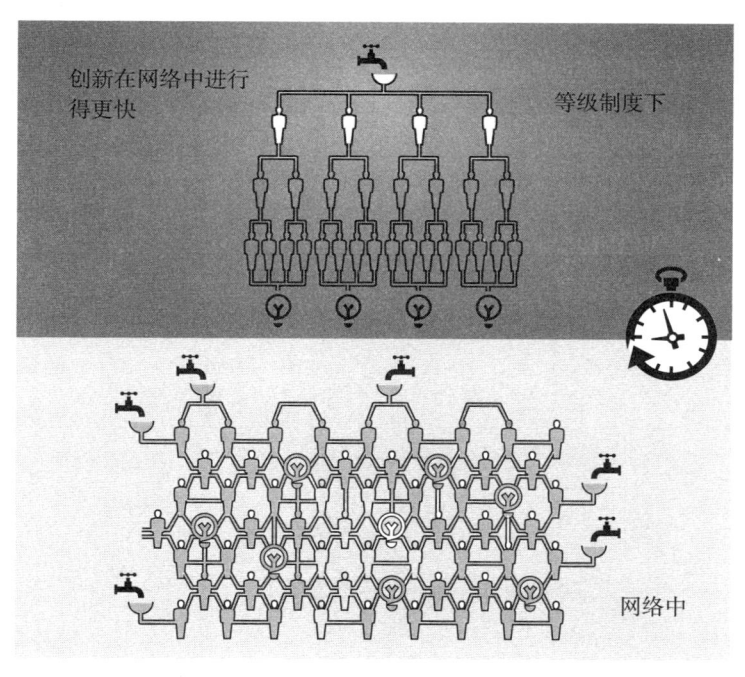

图 4-5　创新在等级制度下与网络中的对比

美国国防部高级研究计划局（The U.S. Defense Advanced Research Projects Agency）开发、建造并测试一种新型交通工具通常需要 5 年。出于想提高创新速度的目的，它和一家小型的汽车制造商——Local Motors 进行合作。后者在进行产品研制时通常倾向于众包模式——通过开源创意有效地利用网络的一种非常有力的方法。它发起了一个奖金为 10 000 美元的汽车设计竞赛，不到 5 个月，它就已经有了一款经过测试并可运行的汽车。

可见，能在内部调动起网络力量的公司将使其创新比传统分级合作进行得更快。

上述这三条定理奠定了公司思考如何进行网络化、释放图谱之力、充分利用隐藏的富人俱乐部之潜力的基础。信息、智能和创新既是网络时代组织的生命之源，也是你必须了解如何在自己网络中培育它们的原因所在。

众筹平台 Kickerstarter 就是一个网络如何过滤出最佳想法及创新很好的例子。为弄明白某事物是否会受到欢迎，还有什么比"看人们是否愿意为之付钱，即用钱来表明其对商品的信心"这个方法更靠谱的了。

因此，越来越多的企业在使用类似的方法，但不仅仅是集资，还包括更快、更有效地揭示市场洞见。特斯拉汽车公司（Tesla Motors）是世界上最具创新力的企业之一，它就是这样做的，并且做得更加精明：向提前预订者每辆车收取 5 000 美元的费用。这样不仅确切地获知市场需求，还为自己拿到了 0 利息的生产资本，而不是付给银行 10%~15% 的利息。

组织内部的拓扑结构[①]

如果你想搞懂如何在网络时代获得成功，那你不仅需要了解与自己相关的拓扑结构，你还必须弄懂自己的客户如何在其网络中行为的拓扑结构，并了解自己内部能力和信息网络的拓扑是如何采取相应行动的。

你要弄懂外部客户网络中的"富人俱乐部"是哪些，然后你要将自己组

---

① 拓扑结构（topology）是指用传输介质互联各种设备的物理布局。实际生活中，计算机与网络设备要实现互联，就必须用一定的组织结构进行联结，这种组织结构就叫做拓扑结构。——译者注

织内部网络和富人俱乐部产生联系。

克劳德·香农奠定了信息论的基础，但信息论的关注点是信息的传输。香农并没有对信息的含义或关联做出判断。信息论没有诠释信息本身；仅仅确保信息已被传输并正确地传输，并在另一端用正确的方法来解释。

今天，我们将其提升了一个档次。我们必须理解网络外部及内部的信息流以及包含在组成世界的模式或图谱中的含义。

能够理解如何诠释其顾客和雇员流动的企业将会得到发展并兴旺发达。那些利用数据科学与大数据来理解、预见及诠释流动的可能性的企业，将会是网络时代的胜者。

愿流动与你长伴。

来自普鲁士的守护神

今天在绝大多数的文明世界中，我们在学校接受的教育模式都可以追溯到18世纪早期的普鲁士王国。

普鲁士的腓特烈·威廉一世国王（King Frederick William）可以说是现行教育制度的守护神。他是一位著名的专制君主，也是一位事必躬亲的国王。他口述了《国家官员法规手册》(*Manual of Regulations for State Officials*)，此手册包括35章，精确、详细规定了每一个公共职位的职责。众所周知，这位"士兵国王"从未发动过战争，但却爱好军事化的纪律。当他在1740年去世时，其对国家及经济的严格控制政策使得普鲁士非常富裕。

而腓特烈国王的真正遗产是学校中每堂课之后响起的铃声。一天中每门学科

网络时代的教育

一个小时的分配方法、班级里老师面对一群学生的设置,甚至家庭作业的想法都出自他的规则手册。

1717 年,腓特烈国王颁布了对 5~12 岁儿童进行义务教育的法令。普鲁士的教育系统是为将未开化的儿童教育成守纪律的公民的目的而设计的,使其离开家庭和教堂去接受教育,以达成以下 5 个主要的目标:

- 成为矿井中听话的矿工;
- 成为军队中服从命令的士兵;
- 成为政府中遵纪守法的公务员;
- 成为手工业中守规矩的店员;
- 面对重大问题时,成为想法一致的公民。

每个个体都要在内心深处坚定不移地认为国王的决定都是正确的。迄今为止,这套系统被证明是向国家公民灌输社会服从最有效的。很快,这个系统在全世界推广开来,拿破仑利用它控制拿破仑帝国大众的教育。这些早在其传入新大陆之前就发生了。教育学家约翰·泰勒·盖托(John Taylor Gatto)描述了这一教育体系是如何来到美国的:

> 19 世纪上半叶,少数充满激情的思想界领袖访问了普鲁士,完全被普鲁士的秩序、服从以及教育系统的效率和不屈不挠的选举制度所折服,随后他们将这些普鲁士式的教育体系带到了大洋彼岸。为了这样做,孩子们必须摆脱其父母及不合适的文化影响。

霍瑞思·曼(Horace Mann)被历史学家誉为"美国公共教育之父"。他是作家纳撒尼尔·霍桑(Nathaniel Hawthorne)的姐夫,也是马萨诸塞州众议院议员,随后被选为美国众议院议员。1843 年,曼到德国旅行,考察教育系统如何运行。他回来后,便四处游说希望德国模式成为美国教育的标准。

曼成功地完成了自己的任务,他的目标在当时是非常崇高的。他希望把所有孩子都带到教室中，并为其系统性地传授一种普遍的学习经验。这将为那些不太走运的孩子们创造一个机会，而且实际上也让大家的条件更"均衡"。曼认为，采用了普鲁士模式的学校可以帮助那些在家里得不到合适纪律教育的学生：

灌输如对权威的服从、出席活动要准时以及根据时钟安排时间等观念，有助于学生为将来的职业做好准备。

嗯，为未来19世纪的职业做好准备，对的。

可问题是，世界转动速度已经非常惊人。让我非常担心的是，学校应用的课程设置模式和我30年前经历过的几乎就是一样的。而这段时间，世界已经见识到了亘古未有的巨大变化，但学习的科目却大部分都保持不变。让我更加担忧的是，课程按照学科种类进行分类的课堂教育模式和"士兵国王"辉煌年代还是一模一样的。

人工智能的摇滚明星

1967年，塞巴斯蒂安·布克哈德·特龙（Sebastian Burkhard Thrun）在德国的索林根降生。索林根位于莱茵兰地区的核心，该城市主要因制作精美的剑、刀、剪刀和剃刀而广为人知。特龙确实有一个如刀般锋利的头脑，当他进入大学时，很快就被认为是数学天才。作为他毕业论文的一部分，特龙制作了一个名为犀牛（Rhino）的机器人，它可以为大学和当地博物馆的游客提供导游服务。特龙在1995年以优异成绩获得了计算机科学和统计学的博士学位，随后进入卡耐基·梅隆大学成为机器人学习实验室（Robot Learning Laboratory）的合作负责人。

特龙沉迷于研究如何让机器进行思考，他极度渴望让人工智能这个躲躲闪闪、老生常谈的领域成为现实，并制造真正的生活机器人。2001年，特龙在斯坦福大学度过了特殊的一年，在2003年全年，他成为斯坦福人工智能实验室（Stanford Artificial Intelligence Laboratory）的一员。之后，特龙成为了谷歌公司的雇员，工作重点是谷歌街景（Google Street View）发展及谷歌无人驾驶系统（Google Driverless Car System）。

制造可以思考的机器人是他最初的想法，建造一辆可以自动驾驶的汽车和这个想法非常接近，而且也是非常地酷炫。特龙成为一位受人崇拜的教授，他那200个座位的讲堂常常被痴迷的学生挤得满满当当的。

到了2011年，当他推出自己第一个全球慕课时，特龙的公开课就成为了全球效仿的对象。这个想法源自特龙对线下课堂中有限的听讲人数感到沮丧："在一个全世界有数十亿人能上网的时代，200名学生又算什么呢？"所以他想为什么不能把所有的事情都连上网呢？与其将授课局限于那些付出了5万美元高价的斯坦福大学的学生们，为什么不把课程向全世界开放呢？他决定和谷歌公司的研究负责人彼得·诺威格（Peter Norvig）一起创立一门向每个人开放的在线课程。

效果令人难以置信。来自世界各地、超过160 000名学生申请了特龙在线的人工智能课程。关注他在线课程的学生年龄从10岁到70岁都有，学生们不仅积极完成特龙布置的家庭作业，而且还参加在线考试，23 000名最终获得了结业证书。

第一个网络课程就这样诞生了，它永久地改变了教育史。特龙是普鲁士帝国遗民的后代，他确实也受过德国学校系统的教育，那个依然紧紧追随腓特烈国王设想模式的系统，被特龙的在线实验改变了。

2012年，塞巴斯蒂安·特龙宣布离开斯坦福大学，全身心投入自己所创建的在线学习大学——优达学城（Udacity）上来，优达学城是一个将其人工智能课程体验进行商业化的教育平台。特龙自己拿出30万美元作为启动资金，这家新兴企业很快又融到了1 500万美元的创投资金。优达学城致力于对全世界进行科学、技术、工程、创业学及数学教育——全部是在线进行。在其和佐治亚理工学院合作的一个项目中，将提供一个完整的计算机学科硕士学位，价格仅为6 600

美元，这只是传统大学收费的一小部分。

朝着学习网络发展

正如你想到的，这些发展将会动摇传统的教育机构。这不免让人担心，当通过优达学城就能有效地获得学位或新技能时，传统的大学该如何才能保住自身的价值。大学在网络时代还能生存吗？

2013年某一期《时代周刊》上刊发了一篇麻省理工学院里奥·瑞夫（Leo Reif）校长的精彩文章。里奥·瑞夫认为，在线学习将重新改造高等教育，而数字化学习可能会是继印刷术之后教育界最重要的创新。

里奥·瑞夫生于委内瑞拉，于1979年在斯坦福大学获得了电子工程博士学位。他在1980年加入麻省理工学院，并最终成为麻省理工学院计算机学系主任。2012年，瑞夫被任命为麻省理工学院第17届校长。

瑞夫明白，科技在网络时代中有能力做到改革教育系统："当校园迎来2025级学生时，科技将会以一种我们无法预测的方式重塑大学的概念。这种转变可能会改变包括从有效性到成本获取的整个过程。"

2002年，麻省理工学院启动了一个叫作"开放课程资料"（OpenCourseWare）的新方案，它将大学几乎全部的课程资料上传到网上，人们可以免费获取。这已经吸引了全世界超过1500万的学习者。麻省理工学院还联合其竞争对手哈佛大学一起启动了一个叫作"大规模开放在线课堂平台"（edX）的在线学习平台，仅在17个月内就招收了超过12.5亿各式各样的学员。正如瑞夫所指出的："这个数目已经是麻省理工学院现有毕业生的10多倍。"

但是在线平台能和真正的老师具有同样的影响力吗？在线教育网络能提供和课堂教学体验一样的教育质量吗？课程时代（Coursera）的创始人达芙妮·科勒（Daphne Koller）认为，它甚至可以更好。

达芙妮是一位引人注目的女性。她于1968年出生在以色列，并在1985年

网络时代的教育

获得了耶路撒冷希伯来大学（Hebrew University of Jerusalem）的学士学位，当时她才 17 岁。与特龙相似之处是，她对人工智能领域也极其感兴趣并向往斯坦福大学。在 2012 年，达芙妮和斯坦福人工智能实验室主任吴恩达（Andrew Ng）一起创建了 Coursera 公司。

Coursera 公司是一家提供大众化、在线开放课程的教育科技公司，科目范围从工程学到生物学，从计算机科学到人类学。它已经获得了超过 650 万美元的创始投资，如今它在线向每个人提供数以百计的课程，并且是免费的。它最流行的在线课程吸引了 200 000 名学生。

这些巨大的数字与网络效应结合，正在改变着学习本身。但它们能把学习做得更好吗？

达芙妮·科勒是这样认为的，在线教育基于掌握学习法（master learning），这种方法比课堂授课方式做得更好。"在传统的学习中，"达芙妮说，"如果一名学生完成了自己的家庭作业，但做得不是很好，她仅仅是在作业上拿到了一个比较低的分数，然后教学进入了下一个主题，这为学生学习下一主题打下了不牢靠的基础。而在我们的平台上，我们可以即时为学生没有理解的概念给出回馈，这可以比传统的教学提升学生的表现约一个标准差"。

至今，还没有什么能胜过个性指导法的。由大师对学生进行的一对一的学习方式是教育的最佳形式，没有什么能代替和导师间亲密的个人关系。但应用于在线教育领域的掌握学习法概念会比传统的课堂讲课教学要好得多，并能产生很接近于个性指导的结果（如图 4-6 所示）。

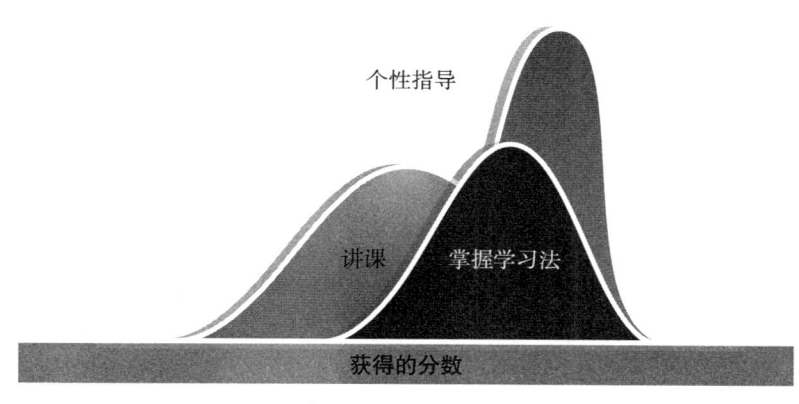

图 4-6 在线公开课与传统授课的区别

网络时代还允许我们在学生群体方面利用网络的力量。像 Coursera 公司这样的平台正在运用同伴评价机制，学生可以评价甚至为其同学的作业进行打分，这种方法已被证明会获得极其准确的回馈，它同时为进行评分的学生提供了一个有价值的学习经历[1]。

网络时代不会彻底消灭世界上的斯坦福大学或麻省理工学院，至少近期不会发生什么。但还如里奥·瑞夫所说："网络时代开启了这样一种可能性，几十亿的人类都会有机会接受高等教育了。"

你能在 9 分钟内教会我吗

高等教育系统正过渡到完全的网络时代。大学必将以新形式出现，而且大学的管理者必须理解网络学习是如何扩大、补充及增强其所提供的服务。

---

[1] 科勒描述道："众多研究已经表明，标准的授课并不是传授知识的最佳模式。"网络时代的到来，提供了将大量传统授课模式移出课堂的绝好机会。提供在线的学习方式更具互动性和参与性。2011 年在不列颠哥伦比亚大学进行的一项由诺贝尔物理学奖获得者卡尔·韦曼（Carl Wieman）共同进行的研究表明，在有高度互动设备辅助的课堂上，学生将获得比传统课堂上两倍好的学习效果。

网络时代的教育

而我们教育体系所要面对的基本挑战是，孩子们在进入大学之前要懂得如何使用网络的力量。

今天，小学生们在 YouTube 及谷歌的影响下长大，在 Facebook 及 Snapthat 上学到网络的艺术，并对普鲁士风格的课堂教育厌烦透顶。

学校里的许多教育家认为，在新常态的世界中，他们需要做的就是用科技来解决出现的问题，这恰恰是他们犯的最大错误。因为在许多情况下，这样的想法只会让事情变得更糟糕。

非常突出的例子发生在 2013 年的洛杉矶学区。该学区想给下属 47 所学校从幼儿园到 12 年级的 30 000 多名学生每人配备一台苹果平板电脑（iPad），这需要超过 5 000 万美元的投资。这些平板电脑预装了教育软件，并且在课堂上对其锁定，这样学生就不能通过平板电脑上网或看 YouTube 视频以免分心。在当下这个年代，这种针对青少年采取的安全防范机制就像给愤怒斗牛面前放了一块红布。iPad 发下来几天后，维切斯特高中的几名年轻极客就找到了绕过安全防范软件的方法，这样他们就能快乐地在 iPad 上更新自己的 Facebook 页面以及数据流音乐了。洛杉矶学区得知后迅速下令，学校中所有安装了这个安全软件的 iPad 都必须收回，这个项目也因此不得不予以搁置。

这就是我们没有解决根本问题时的后果。洛杉矶学区失败的教训说明，向以旧方式运行的课堂注入昂贵的科技是毫无意义的。如果我们不去彻底改造教育模式以适应网络时代，那世界中不会有足够的技术来使结果变得不同。

我们不要混淆教育的形式和教育的任务。教育的任务是让年轻人为其未来生活做好准备，帮助他们在将要生活的世界中进行创新和繁荣。信息在网络时代变得流动起来，而学习也开始流动。这和在教室中使用 iPad 或智能白板没有任何关系，这和科技也没有任何关系。

我们必须为网络化的一代在如何备课、科目设置及课程体系构建上彻底翻转教育模式，让他们能在家中按照学来的方法去消费信息。受到诸如慕课等创新的

第 4 章
信息开始流动

启发，老派的大学管理者越来越认识到他们需要改变以前的模式，以适应变化了的环境及学生。高等学府所面临的最大挑战，是即将发生的超越简单"数字化"深度的文化变革，这将涉及学费及其地位。如果哈佛大学降低了其在线学位的学费，它的利润就会缩水。更糟糕的是，然后"每个人"都将成为校友。这样哈佛大学哪里还有威望？尽管如此，他们需要理解一个网络化的环境是扁平的。这是一个精英领导体制，地位和声望在那里毫无价值。所以，没办法，一些常春藤学校绝对需要做些调整。

我的第一次 TED 演讲是我做过的最困难的事，TED 演讲的要求是，我要从通常的 1 个小时巡回演讲信息中严格压缩出 18 分钟以内的信息，真的是太难了。就像 Twitter 中有 140 字符长的限制一样，强迫你所写的一定要合规并简洁。TED 演讲强迫你对自己所想要表达的信息十分清晰，我最新一期的 TED 演讲已经精简到了不超过 9 分钟了。

在 1984 年，举行了首次 TED 研讨会。活动的构思者理查德·沃尔曼（Richard Wurman）是位传奇的建筑师、作家及平面设计师。沃尔曼看到了不同领域的交汇，并明白技术人员将会在学习设计和娱乐信息时获益，他希望创建不同背景有影响力的人们之间的网络。第一次的 TED 研讨会就获得了巨大的成功，但在财务上却是巨亏。研讨会最开始以刚刚推出的苹果 Macintosh 计算机作示范，以及像尼古拉斯·尼葛洛庞帝这样的人进行主题发言，后面发言的还有麻省理工学院媒体实验室（MIT Media Lab）主任、发明了分型数学的本华·曼德博（Benoit Mandelbrot）、全球概览（Whole Earth Cataog）的创建者斯图亚特·布兰德（Stewart Brand）。

理查德·沃尔曼很早就明白信息将重塑社会。实际上，他早在 1976 年就已创造了"信息建筑师"（information architect）这个词。正如沃尔曼所说的："我认为数据大爆炸需要一个建筑师，需要一系列的系统，需要进行系统性的设计以及一系列衡量其性能的标准。"

第一次的 TED 研讨会因财务原因而失败，时隔 6 年后，第二次 TED 研讨

网络时代的教育

93

网络时代的教育

会才组织起来。从那以后，TED 演讲在加利福尼亚州长滩市（Long Beach）每年举办一次。在 2009 年，TED 开始向第三方颁发许可证，让其在全世界独立组织类似的 TED 演讲，它们被称为 TED 分论坛（TEDx）。目前，TED 已经成为一个全球现象，向全世界提供了一个网络化的途径来获得"值得传播的想法"。

TED 最大的影响在于它向世界展示出你可以使用实物、观点和信息，以为我们当下消费模式量身定做的形式去培养、激发或诱导人们，而这种模式和普鲁士式系统是不相容的。

教室的翻转

萨尔曼·汗（Salman Khan）已成为教育领域改革的代言明星——成为那些相信是时候改变教室的人的灯塔。

今天，可汗学院（Khan Academy）是最重要的在线教育平台，提供科目广泛、和高中学生及老师紧密相关的免费课程。

汗是一个最不可能成为英雄的英雄，他在新奥尔良出生并长大。当离开路易斯安那州去麻省理工学院学习时，他答应他的侄女纳迪亚（Nadia）仍将会一如既往地继续指导她的数学，他还保证将会使用网络作为工具。一开始，他使用雅虎的涂鸦笔记本（Dodle notepad），但当其他亲戚和朋友也需要他进行指导时，他决定将它放到 YouTube 上以更方便使用。于是他的视频很快就流行起来，仅仅几年就收到了超过 3 亿次的浏览。来自全世界的学生被汗那简洁、实用及轻松的教学方法所吸引，这激发了他创建可汗学院的想法。今天，他的想法已经产生了 4 300 个以上的视频课程并鼓舞了数以百万的学生。他的任务是提供"面向任何地方、任何人的一个免费的、世界级的教育"。2012 年，《福布斯》（Forbes）杂志将萨尔曼·汗作为封面人物，封面故事是"如何翻转价值 1 万亿美元的教育市场"。

苏格兰哲学家戴维·休谟（David Hume）有句名言："人生的指导并不是理性，而是习惯。"绝大多数情况下，我们对过去进行推论，剔去粗糙毛边，然后按照习惯继续做事。不幸的是，教育系统成为一个显而易见的例子。

腓特烈国王的教育系统是鉴于工作、生产的愿景进行塑造的，而到了成熟的工业时代后，可以说，我们依然保持着和工业时代一样的教育思维模式。但今天，我们正在步入网络时代，需要以一个全新的视角来看待我们的工作方式、效率及成年人的生活。

把技术扔进教室不能解决问题。我们需要改变模式。我们需要重启教育系统，以拥抱网络时代[1]。

这是我们对孩子们的亏欠。

---

[1] 尽管我是在线看大部分的电影，但我偶尔仍会买光盘。让我最苦恼的是，当我加载一张光盘时，会出现如下的信息——警告：在其他场景如飞机、俱乐部、汽车、医院、旅馆、油井、监狱、学校及船只上使用本光盘时，除非版权所有人有明确说明，否则是禁止的。由此看来，我们将学校和诸如医院、油井及监狱等机构放在了一起，就说明了我们对教育所持的观点。

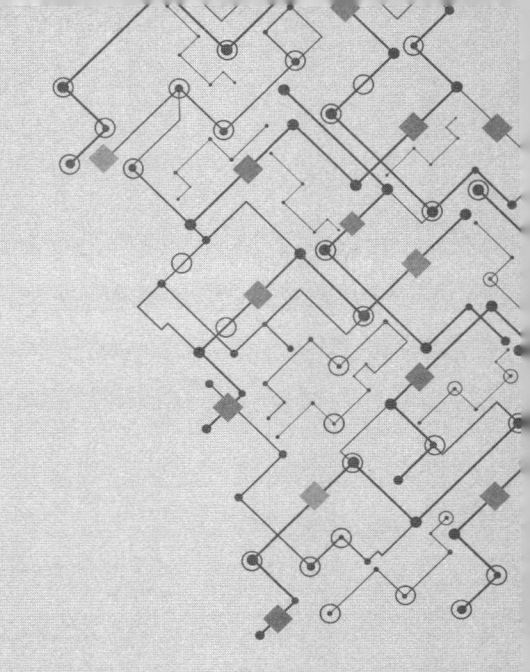

第 5 章

当市场不再像个市场

支配与客户交流的能力正迅速褪色。市场已经自我蜕变成了智能的网络,并服从不同的规则,遵循不同的行为模式。

> 长久以来，市场人员借助科技手段更有效地联系到客户，进而对市场施加控制。但如今，科技正改变着市场人员与客户联结的规则，客户不再可控。为了生存，市场人员必须学会如何影响信息网络，这是一个学习获取信任的过程。

市场营销总是能突发奇想，并与科技交织在一起。无论何时，当科技有变革的涌动时，市场营销总是冲到最前线，见证这个涌动如何乘风破浪、一路前行，并吸引到大量观众，然后让市场变得更快、更具影响力。

在绝大多数情况下，科技使得人们能够越来越快地传播消息。

西方活字印刷术的发明归功于1450年德国印刷商约翰内斯·古腾堡（Johannes Gutenberg），不过活字印刷术早在11世纪初就被中国宋朝时期的汉字印刷工匠毕昇发明了。作为一名职业金匠，古腾堡通过采用已有技术并加以创新，完成了自己的印刷系统。其成果相当惊人：文艺复兴时期一台印刷机在一个工作日可以印制3 000多页。很快，畅销书作家像路德（Luther）和伊拉斯谟（Erasmus）在世时就能卖出几千册书籍。

在文艺复兴时期的欧洲，印刷机的诞生标志着大众传媒时代的开始，而这永久性地改变了社会的结构。科技极大地改变了传播方式，进而对我们的生活方式也产生了影响。

这一信息革命突破了以往的界限，打破了文学精英在教育和学习上的垄断，并产生了受过教育的中产阶级。当然，这些并不能仅仅归功于印刷机的发明。资本主义思想的产生及中产阶级对通过知识和学习提升地位的渴求，让印刷术的基本技术迅速普及开来，从而永久地改变了著作和作者的内涵。在印刷术发明以前，众多作品中作者的名字全部流失了。印刷术的到来让著作权的含义变得更加具有现实意义——也极具利益可图。忽然间，谁说或写了什么，以及信息的精确表述（以及特定时间）变得非常重要。这有助于加速技术革命，藉此，作家（科学家）可以在广为传播的杂志上出版自己的著作或发表自己的研究。今天，当我们拿起一本书或杂志，我们很少会想起印刷术曾是一项新技术，是一个改变了世界的新兴媒介。

装订书的诞生

尽管古腾堡名垂青史，但他活着的时候过得并不怎么好。他似乎中了对发明创造者的古老诅咒，即作为一项技术的初创者，在现实中却是一个失败者。在 1450 年设计及制造一台印刷机，无异于在美国硅谷核心区帕罗奥多的某个车库中开始创建公司。之所以进行这样的对比，是因为它们都面临最基本的启动资金问题。如果你没有钱，你的想法将一文不值。

1448 年，古腾堡已经从他的亲戚阿诺德·盖萨（Arnold Gelthus）那里获得了一笔巨额贷款，让他能够建造一个印刷机原型，他和一位棋牌大师以及一位没有留下姓名的瑞士雕刻师（但其留下了漂亮得让人叹为观止的雕刻作品）进行合作。两年后的1450年，古腾堡的印刷机开始运转，但是来自他亲戚的贷款（即向亲朋好友贷款的方式）已经快用完了，所以古腾堡必须再进行一轮筹资。

他说服有钱的放贷者约翰·福斯特（Johann Fust）借给他1 600荷兰盾。作为协议的一部分，福斯特的女婿彼得·舍弗（Peter Schöffer）加盟了这家公司。舍弗曾在巴黎做过抄写员，人们认为是他设计了第一批的几款字体，因为彼得·舍弗对字体比较在行。但让一个风险投资人过多涉及初创公司的日常运行并不是个好主意。

生意开始加速，古腾堡及其团队开始印刷利润丰厚的著作如《拉丁语语法》，而突破性进展来自1455年的古腾堡版《圣经》。这版《圣经》一共印刷了180册，它们中的大部分是纸质的，而有一些是印刷在羊皮纸上。当时它们就很值钱，在今天更是变成了无价之宝，仅有48册全本或大半残本存留至今。它们被认为是世界上最值钱的书，即使从1978年开始就再没有一册全本售出过。

尽管印刷《圣经》项目很成功，但古腾堡还是陷入了要命的财务危机。1456年，古腾堡和福斯特之间产生了很大的分歧，福斯特要求还钱，这造成了古腾堡资金短缺。同时，《圣经》项目的开支还在上升，使古腾堡的债务上升到了20 000荷兰盾。

福斯特起诉古腾堡要求偿还他借的钱，而法庭的裁决也有利于福斯特，判给福斯特圣经印刷厂的控制权以及半数已经印刷好的圣经。事实上，古腾堡就相当于破产了，并且他再也没能恢复自己的名声和荣誉。1468年，古腾堡因长年的怨愤和打击在美因茨去世。

在古腾堡的故事中有两个有价值的教训可以吸取。

一是突破性技术的发明者很少独自占有发明成果。实际上，做一名真正发明者的亲密伙伴是成功的一条好策略，这可以去问问比尔·盖茨。

二是当你找到了一个贪婪的风险投资者后，他与你的一举一动太过紧密，且过于干涉你的生意，那么你就是与敌同眠。所以不管何时，如果你开始创业，而你的融资方提议他异常聪明的女婿是首席运营官（COO）的最佳人选，那你在做决定前还是想想古腾堡可怜的结局吧。

印刷术最终成为一项长期存在的技术。约翰·林哈德（John Lienhard）向我们引入了短暂技术的概念：短暂技术指那些迅速爆发并在很短一段时间里具有极强的相关性，随后会产生一个更为基础的新范式。

最初的快艇

最漂亮的短暂技术之一就是多桅帆船。多桅帆船是一种极快的航海帆船，它有三个或更多的桅杆和一个横帆装置。相对于其长度，它非常窄（这赋予其性感的外形）并有巨大的帆面积，但它们只能承载很有限的散货。它可谓是海上的一级方程式赛船，起初主要在大不列颠联合王国和东部英属殖民地之间，以及在加州淘金热时期从纽约绕经合恩角到旧金山的贸易航线上航行。荷兰多桅帆船的建造始于19世纪50年代，通过这些帆船为茶叶生意及去往爪哇岛的旅客提供服务。

远洋航行需要在速度和载重之间进行取舍。长期互相妥协的结果就是高载量的商用船载着货物在海洋上缓慢航行。但这个平衡在1845年被打破了，旧金山成为了美国西部的黄金之门。其繁荣的经济推动了加利福尼亚州的航运业，也带动了中国茶的市场。在很短的时间里，船货运费从每吨 10 美元上升到每吨 60 美元。随着航运费的暴涨，建造并运营功能类似于赛艇的船变得比传统慢速货船利润更加丰厚。于是多桅帆船就出现了。

桅杆伸向天空，船体做成犹如刀背的弓形。相对于追求载货量，多桅帆船更加看重速度。这就相当于给联合包裹公司（UPS）小伙装备了玛莎拉蒂车以替代传统的棕色货车。但是，今天多桅帆船只存在于照片中了。实际上多桅帆船总共就制造了几百艘。经济泡沫在 1855 年破灭了，从那以后，这种船就消失了。新兴的蒸汽船取代了它，而远洋航运的经济因素再次选择了慢速但大载量的货船，远洋货轮越来越大，也越来越丑。速度再也不能弥补这些美丽船只的承载低效率。

在过去的几百年里，营销领域出现了数不清的科技让我们能接触到顾客，向正确的观众传递正确的信息，并努力说服人们来购买我们的产品或服务。近十年来，我们看到了新兴营销技术如寒武纪生命大爆发般不断涌现出来。但问题也随之而来：通信领域中的哪项新进展会成为多桅帆船，而哪项又会成为真正的长期科技？

市场营销的（旧）核心

市场营销学科的发明是为了帮助销售，至少营销巨头们喜欢这样说。市场营销学被创造来洞察顾客到底渴望什么，然后企业就可以生产市场精确需要的产品。

菲利普·科特勒（Philip Kotler）被认为是现代营销学之父。科特勒1956年在麻省理工学院获得经济学博士学位之后，就干起了销售，并认为这是经济活动中至关重要的一部分。到了1962年，他开始在美国西北大学凯洛格商学院教授这门课程。

科特勒的基本观点是市场不是孤立的事物。相反，他相信满足客户需求的营销目标应该成为每家公司所制定策略的中心，而且所有管理者都应该精通于满足客户需求。科特勒说过："公司进行营销的任务是确定目标市场的需求、愿望和利益，并要做到比竞争对手更有力、更高效地取得所想要的结果，并要本着维持或提高人们及社会幸福水准的目的。"他还是非常著名但稍微过时的4P概念——产品（product）、价格（price）、渠道（place）、推销（promotion）的幕后主角[①]。

当你研究市场营销学的演化时就会发现，一开始，营销只是生产商向顾客传达消息唯一可依赖的渠道。这个渠道很狭窄，而且还是单向的（如图5-1所示）。

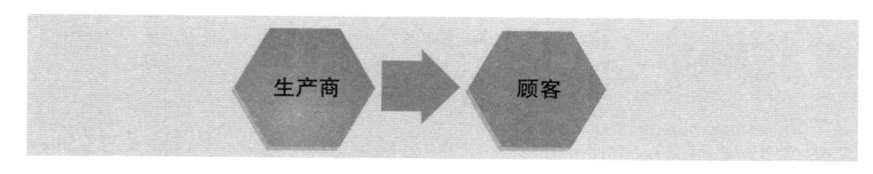

图5-1　早期的营销是生产商向顾客传达消息的单向渠道

当一家企业有了一种新商品或可以提供一种新服务时，就希望能告诉市

[①] 1967那年，科特勒首次出版了《营销管理：分析、计划和控制》（Marketing Management: Analysis, Planning, and Control）一书，至今已经是第14版了，该书成为了世界范围经管院校中最为广泛采用的教材。之前的销售手册都是叙述性的，而科特勒的教材是第一本综合了分析、经济学、组织理论、行为和选择心理学等学科知识的书。《金融时报》称其为历史上50本最伟大的商业图书之一。

场他们可以提供供应，这就恰恰是营销所要做的。企业中聪明的市场营销人员会聘用世界上像唐·德雷柏（Don Drapers）这般狡诈的人去制造一个巧妙的信息，然后将这些信息推送到消费者的收音机或电视屏幕上。

我需要再次说明的是，营销和技术之间相互交织在一起，一次又一次地进行着将信息传达到目标观众的新兴方法的实验，也许最恰当的例子就是肥皂剧的诞生。电视台这项开拓性技术通过每天成系列的剧集来努力联系到大多数的女性观众。

市场被顾客接管

最终，消费者开始发出声音。他们希望他们的意见能被听取，他们希望能参与进来。对企业来说，仅向顾客传达信息是远远不够的，企业需要与顾客建立一种对话机制。

新常态的到来加速了这个过程。营销人员很快抓住了机会，利用社交媒体这个工具，在社群里要让自己成为理解顾客、能与之很好交流的沟通者。企业的营销人员不再只是传递消息，还要在企业搭建的学习型社群里与顾客进行艺术的、策略性的对话（如图 5-2 所示）。

现在，我们处在一个许多市场正要转变的节点上——也就是说，市场正向智能网络转变。消费者将成为极为明智的网络思考者，他们受其在智能网络上所听、所看、所读的影响，智能网络环绕着他们而且包括其所能触及到的同龄人。相对在电视和广播上的商业信息，他们更加互相信任，消费者能找到彼此，这个潘多拉的盒子永远都不会被关上了。

这意味着以前的销售漏斗的概念将在汪洋大海中死去了。

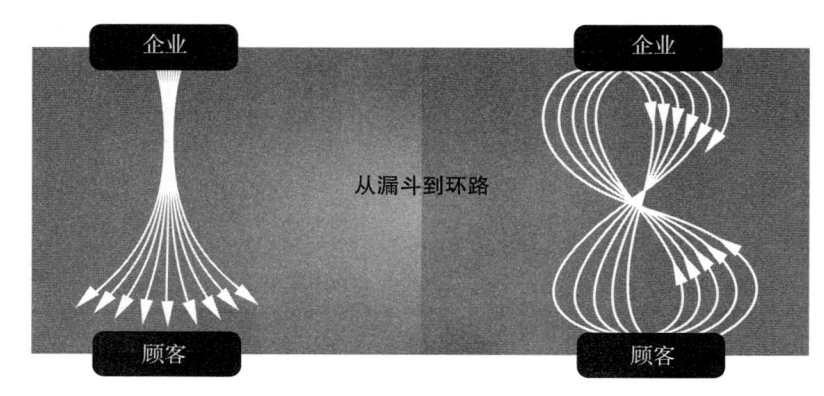

图 5-2　网络时代企业与顾客联结的变化

"漏斗"这个词在营销中已被使用了很长一段时间，使用这个词的想法很简单：你的产品或服务有很多的潜在用户。这是你的宇宙，你作为一名营销人员，本职的工作就是让这个宇宙通过那个漏斗。换句话说，将人群缩小到真正合格的线索——那些给予正确信息后确定会购买你的产品或服务的人群，然后引导这群人来到最后抉择时刻，或叫关键时刻。就是说，潜在顾客选择了你的这个品牌或者拿起电话预约你的服务，而不是去选其他厂商或其他服务商。漏斗是一个很形象的隐喻，但当你的市场转变后，漏斗就没有用了。

如今，消费者已经变得聪明、有知识，也更有把控力。比起信任销售人员来说，他们更相信网络。

在购买之前，具备一定知识的消费者会收集所有必要的信息。电视和收音机当然也包括在其中，但越来越多的消费者会在互联网、博客、Facebook体验分享平台、Twitter或其他地方去寻找信息。而且当到了下单那一刻（即关键时刻）时，不管你多么卖力地推销，他们更容易受到自己智能网络的影响。

谷歌公司的一项研究表明，2013年有将近一半的人会在购物时使用手机来查询商品更多的信息。更重要的是，几乎20%的人会因为手机中的信息而在商店中改变了主意[①]。

因此，关键时刻不再是以前那个样子。甚至，关键时刻之后，消费者依然会和网络进行沟通。他们会谈论自己的购买、决定及体验。在一些案例中，消费者在关键时刻之后会比之前花费更多的时间。这就意味着原来的漏斗成为了一个环路。

而且这也意味着生产商和消费者之间的权利平衡已经发生了改变。

市场现在已经变成了不断变化的智能网络，它们还在持续变化着，你再也不能控制某个市场了。实际上，仅仅是跟随某个市场并观察它的流动就已经是相当繁重的工作了。

让我们再来谈一下翻转。在新典范中，消费者比你还要有知识，市场在成为网络后，会比你变化和适应得更快，这是一场全新的游戏。

营销已经从线性过程中脱离，市场经过一个复杂的过程向消费者发出一条消息，而不同来源的信息却正影响着顾客的购买决定，与此同时，消费者也成了一个信息源。

---

① 其他一些有意思的统计数据显示：56%的美国成人拥有智能手机；75%的美国人将他的手机带到浴室；2013年，全球27%的公司计划采用基于地点的营销；放假时，70%的顾客会在零售店使用智能机，其中62%会进入这家店的网站或应用，而只有37%的受访者会进入其竞争者的网站或应用。

图 5-3　网络时代市场变化更快

现实中的《广告狂人》

那么，广告的意义是什么呢？非常不幸的是，大卫·麦肯兹·奥格威（David MacKenzie Ogilvy）已不在了，关于这个概念，再也无法请他来指点一二了。大卫·奥格威 1911 年出生，被普遍认为是广告教父。1962 年，《时代周刊》称其为广告界的"奇才"。

一开始我们并不清楚为何奥格威会具有如此大的影响力。从牛津大学辍学后，奥格威搬到巴黎，成为巴黎最好的酒店之一的曼捷斯帝酒店（Majestic Hotel）的一名厨师学徒工。一年后，他回到苏格兰开始挨家挨户地推销 AGA 牌炉灶，他在推销的过程中取得了不可思议的成功。他的销售方法非常有效，公司让他撰写一份《AGA 牌炉灶销售理论和实践》（*The Theory & Practice of Selling the Aga Cooker*）的销售手册。奥格威写的销售手册让人印象深刻，他的哥哥将其寄给了伦敦一家名为马瑟和克劳瑟（Mather & Crowther）广告代理公司的经理，这个经理为大卫提供了第一份广告的工作。

奥格威最终写出了一本十分经典的书，名为《一个广告人的自白》（*Confe-*

ssions of an Advertising Man），在书中，他讲述了自己是如何逐渐认识到广告业的威力。下面是我最喜欢的一个案例：

> 进入广告业几个月后，经理让我去见一个想为新开张的旅馆进行宣传的客户，但这位客户只有500美元的广告预算。我意识到不能采用传统的广告媒介及宣传方法，所以我建议他购买500美元的明信片来宣传他的旅馆。我向所有在当地电话本上能找到的人邮寄出了明信片邀请函。到了旅馆开张那天，旅馆就客满了。我又尝到了甜头。

1938年，奥格威移居到了美国，开始为新泽西的盖洛普咨询公司（George Gallup's Audience Research Institute）工作，他曾说过自己在思想上深受盖洛普的影响。盖洛普强调细致的研究方法以及信息和策略的力量，广告就是现实中的经济学，是统计学和挑动人类情感的强力混合物。

第二次世界大战期间，奥格威受命于英国情报局，在英国驻华盛顿大使馆工作。战后他的生活方式发生了个戏剧性的转变，他在宾夕法尼亚州兰卡斯特县买了一座农场，并与阿米什人为邻。他喜欢那种"宁静、充裕和知足"的氛围，并在宾夕法尼亚州待了7年。最终，他承认自己当农民是有局限性的，于是搬到了曼哈顿。

从那以后，他打出了自己的名声，并开创了留有其职业生涯永久印记的商业。在"马瑟与克劳瑟"公司的支持下，奥格威创办了自己的广告代理公司——奥美公司，伦敦的代理公司则由他的哥哥掌管。

奥美广告公司是以大卫·奥格威哲学为核心原则创立的：广告的功能是销售产品，而且任何产品广告的成功都依赖于其顾客的信息。甚至早在20世纪60年代，信息就已像新油井般珍贵了。

代理公司非常成功，很大程度上归功于其创建者的特殊魅力和个性。1973 年，奥格威从奥美董事长的职位退休后，就搬到了位于法国普瓦捷附近一座豪华房产——多佛古堡。1989 年，奥美集团被英国 WPP 集团（WPP Group）以 8.64 亿美元强制收购。

大卫·奥格威留给我们的核心营销观念是，要了解影响消费者的真正要素是什么。我最喜欢的他的名言是："顾客不是白痴，她是你的妻子。"奥格威自己结了三次婚，他是悟出来了。

当我们观看《广告狂人》（*Mad Men*）不同季的剧情时，看着唐·德雷柏和他的好友们向其客户编造故事，我们慢慢就会看到不同的技术依次展现在眼前。印刷业给广播业让位，广播业败给电视广告。技术在变化，但营销模型的基础并没有改变：理解你的观众，划分成不同的群体，将你的信息以正确的方式送至不同群体的观众那里。在漏斗时代，这个理论非常精彩。

而今已不再是那样子了。网络在日常生活中的出现引发了自市场营销学发明以来最具有颠覆性的变革：个性化以及一对一的客户互动。

推送技术曾是第一次互联网热潮中最大也最极端的昙花一现。

推送技术的幕后想法很简单：由于电脑一直在和互联网联结，我们可以推送在线信息到你的电脑上。你使用这个系统越多，我们就能更好地了解你的兴趣、愿望，推送的内容也就更加准确。这看起来多简单。

推送技术宣传潮的高峰是由 PointCast 公司所引领的。20 世纪 90 年代后期 PointCast 公司在硅谷崭露头角，当时人们对网络的狂热也正处于顶峰时期，而且人们极度渴望一些比互联网更为刺激的事物。于是 PointCast 公司应运而生，并且乘上了推送技术的大潮，但是事后看来，这一模式却存在很大的缺陷。

PointCast 公司的创意是向你的电脑推送你感兴趣或相关的内容，即便你的电脑屏保模式开启、显示器处在休眠的状态下都可以做到这点。

天花乱坠的宣传喧嚣而来。一时间，推送技术成了硅谷最牛的技术，PointCast 公司成为了新一代网景公司（Netscape）。来自位于硅谷沙丘路的众多风投机构挤满了该公司的接待室。

当时，那些风投机构忽视了其现在看来很明显的一个缺点：电脑屏保仅在你的注意力离开电脑时启动，你很有可能没有在看这些推送的内容。或许人们应该称其为点播失效。

尽管如此，1997 年 1 月，新闻集团（News Corporation）曾提出以 4.5 亿美元收购 PointCast 公司。此后公司的产品不如预期表现得好，部分原因是它过大的宽带占用拖慢了公司网络。新闻集团的报价没有获得通过，从那之后，PointCast 公司开始走下坡路。1998 年，PointCast 公司进行了 2.5 亿美元的首次公开募股（IPO），但那时推送技术已经很明显就是个炒作，并且会很短命。PointCast 公司在 1999 年被以 700 万美元卖给了创意实验室（Idealab），这只是投入资金的一小部分。创意实验室第二年关闭了 PointCast 公司的网络。

但 PointCast 公司留给我们的遗产并不是推送技术的概念，而真正的推动力则是个性化通信的需求。

1995 年，唐·佩珀斯（Don Peppers）和玛莎·罗杰斯（Martha Rogers）甚至在互联网还没有流行的时候就讨论过一对一营销的问题。唐·佩珀斯是一家直销公司的总裁。

唐和玛莎关于以顾客为中心的想法实质上就是奥格威思想的延伸：将顾客放在第一位，并尽其所能了解关于顾客的一切。二者不同的地方是技术：

互联网赋予了市场营销人员传递个性化信息的基本技术手段。

唐和玛莎将个性化营销描述为包括四个阶段的过程：识别潜在客户；确定他们对公司的需求及终身价值；与顾客交流以了解更多；最终为其量身定做产品、服务，并与之进行沟通。鉴于这里面没有高深的学问，也没有突破性新概念，而且其所依赖的技术已经成型，也使得营销人员进行一对一营销的梦想得以实现。

一对一营销预示了一种由夫妻店提供的个性化服务有了变体，只不过顾客成为了遍布全球的上百万网民。但20世纪末期的科技并不能满足这些愿望，相反一对一营销变成了一个真正的大规模定制——实质上是与大规模生产多少有些关联。

正如唐和玛莎所说的："在营销、制造、呼叫中心及管理行业中的大规模定制，是利用灵活的计算机辅助系统来生产自定义产品的方式。这个计算机辅助系统综合了规模生产的低成本及个性化定制的灵活性。"但消费者们想要的不仅仅是成为个性化体验中的"大规模定制"的一部分。他们真正想要的是独特的建议，为他们独有愿望而特制的，而且是真正的个性化。

从 Firefly 公司到亚马逊公司

针对个性化技术的淘金热已经开始。1995年，一群麻省理工学院媒体实验室的工程师在知名教授帕蒂·梅斯（Pattie Maes）的领导下成立了 Firefly 公司。《连线》杂志曾报道过它，Firefly 实际上是一种协同式过滤：调查用户喜欢什么，然后了解他们的喜好，并使他们与具有相似爱好的人产生联系的程序。

在麻省理工媒体实验室工作的时候，梅斯和三名研究生共同开发出了一个实用在线音乐评价程序（Helpful Online Music Recommendations, HOMR），HOMR 使用智能主体技术向音乐爱好者推荐他可能喜欢的乐队。

梅斯及其公司一开始是以网站的形式在运行 Firefly 公司，之所以将公司名改为 Firefly 是因为这个听起来比 HOMR 好听得多。但很快它们就将这项技术授权给其他希望能提供协同过滤服务的巨头，如巴诺书店网站（barnesandnoble.com）和雅虎公司。同时，Firefly 公司还收集了其用户大量的敏感信息和个人数据，并在隐私领域进行了全新的研究。

1998 年，微软公司收购了 Firefly 公司，主要是看中了 Firefly 在个人隐私领域的开发与创新，但一年后便关闭了这个网站。

现在，浏览一个网站然后留下评论是很寻常的事，但 Firefly 公司是第一个将这种技术实现规模化的。而现在，协同过滤的王者可能非亚马逊的推荐引擎莫属。不是有这么一句话吗？"在你还不清楚要读什么书的时候，亚马逊就已经知道了"。而且，这差不多就是事实：当亚马逊在其网站向你推荐一个产品时，绝不是偶然。

实际上，亚马逊公司的推荐系统是基于一系列很简单的数据：用户以前购买了什么、在他的购物车里有什么、他曾经评分或喜欢什么及浏览其他用户所购买过什么。

简单来说，这个推荐系统拥有你喜欢浏览、购买及阅读的书目数据，然后再综合其他有类似爱好的顾客正在阅读的书目的数据，进行推算得出接下来你会喜欢阅读的书目。事实证明，我们并不是想象中的那么独一无二。

亚马逊公司并没有公开多少关于其底层技术的信息。在《财富》（*Fortune*）

杂志非常罕见的一次关于其推荐系统的采访中，亚马逊公司的一位发言人说："我们的任务就是让顾客能经常浏览到很适合他们的产品，并以此来取悦他们。"

而且亚马逊公司似乎非常擅长这点。我们在没有搜索的情况下，向自己的亚马逊购物车添加利润极低的商品的次数有多少呢？

我相信亚马逊公司之所以有此手段，跟其出色的推荐系统背后独有的机缘巧合与信任的结合有关系。亚马逊公司几乎能提供顾客最想购买的物品，即使这种推荐让零售商比通过其他方式挣的钱少。但亚马逊公司很清晰地认识到，顾客对自己越是信任，就越会听从自己推荐的商品，顾客也就会在亚马逊上花更多的钱。

以前，书籍出版商从来就不了解他们的顾客（即读者），在出版商眼里书店才是他们的顾客。在很长一段时间里，图书出版商是作者和书店的联系人，却很大程度上忽略了他们最终的顾客，即大众读者。

今天，亚马逊公司正在颠覆这些。作为在线零售商，亚马逊公司发展的结果不仅仅导致了实体图书的经销方式发生了变化，甚至即将到来的电子书已经在这个平台完全翻转了。很明显，亚马逊公司知道你买了哪些书，通过电子书，它还知道你读了什么、读到了哪里、读得有多快。它能看到你在哪一段画了线、哪一段做了标注以及分享了哪一段。实际上，亚马逊知道你所有的阅读习惯，而图书出版商却什么都不知道。

结果呢？正如大卫·高克伦（David Gaughran）所说："那些大型出版商所面临的危险是很明显的，它们不仅仅失去了对哪本书该出版的决策控制，还失去了对哪本书进行推荐的控制。"

第 5 章
当市场不再像个市场

奈飞公司的二次生命

在一对一的世界中，另一个重要角色就是奈飞公司。今天，奈飞公司是世界上网络点播流视频最大的供应商。当流行电视剧的关键情节第一次在奈飞上出现后，该服务器的访问量就占到了全美所有网络流量的三分之一。这家公司可谓是高科技和卓越的在线策略相结合的奇迹，但它的起步却是非常地简陋。

现在回头仔细想一下，当时奈飞公司用的也是比较笨的方法——通过提供邮寄 DVD 服务起家。是的，用信封来邮寄。

奈飞公司的创建者是里德·哈斯廷斯（Reed Hastings），1960 年出生于波士顿。当他在高中毕业后，花了一年的时间来挨门逐户地推销彩虹牌真空吸尘器。在获得数学学位后的 1981 年，哈斯廷斯加入了隶属于美国政府的志愿者组织——美国和平护卫队（Peace Corps），1983 至 1985 年期间在斯威士兰教高中数学。从和平护卫队回来后，哈斯廷斯被斯坦福大学录取，并获得了计算机学科的硕士学位。

哈斯廷斯在硅谷的好几家成功的软件公司工作过，之后在 1998 年和马克·兰多夫（Marc Randolph）一起成立了奈飞公司，向全美提供价格统一的邮寄租赁 DVD 服务。

据哈斯廷斯所说，邮寄 DVD 的主意来自他本人一次没有向当地租赁商店及时归还《阿波罗 13 号》（*Apollo 13*）的老式录像带而付了 40 美元的滞纳金。之后他便产生了要创建一家邮寄电影租赁公司的想法：

我并不了解 DVD，一个朋友告诉我它们将要出现了。我去位于加州圣克鲁兹的 Tower 唱片公司，然后向自己邮寄了一个唱片，就是装在一个信封里的光盘。漫长的 24 小时后，邮件到了我家，我撕开信封后看，唱片完好无损。那一刻实在是太令人兴奋了。

奈飞公司如野火般成长，尤其是美国有很多人周围缺乏获得全套影片的电影租赁店。但互联网的飞速发展最终使得通过网络传递视频而不是邮寄成为可能，从而使奈飞公司获得了一个全新的商业视角。

事实上，奈飞公司是那些在技术风暴中成功改变自己并抓住新机遇的大公司之一。奈飞公司的确是在向顾客邮寄 DVD 的生意中成长为大公司的，但邮寄的方式本身就是一个短命的技术。然而，通过抓住在线视频的大好机会，从而避免了被时代所淘汰的命运。

在过去几十年里，在经历 2011 年的分拆 DVD 租贷业务，设立 Qwikstor 网站①决定遭遇滑铁卢之后，便一飞冲天，其用户、产品和地区覆盖率的飞速增长都令人印象深刻。如今，奈飞公司已被认为是未来网络电视的重量级玩家。

可见，打开未来的钥匙就是个性化。

正如亚马逊会推荐你喜欢读的书一样，奈飞公司也提供了对其用户可能喜欢观看的视频的预测，同时还兼顾了每一部电影的特点（如类型和演员），这正是奈飞公司的新生。

但奈飞更加向前迈进了一步。它充分利用了开放式创新及网络智慧的优势，设立了一项比赛，即奈飞挑战赛（Netflix Challenge），这个项目向某个工

---

① 2011 年 9 月对奈飞公司而言是危机时刻。它的两项服务（邮寄光盘和在线视频）都很强，但很显然，哪一项技术拥有未来，则另一项会完蛋。所以奈飞公司宣布它将会用新的品牌——Qwikstor，来分拆自己流行的 DVD 业务，但它被迫在不到一个月就撤回了这项决定。市场反应并不好，从而导致奈飞公司的股票摇摇欲坠。

第 5 章
当市场不再像个市场

程师团队提供了 100 万美元的奖金。该团队为其 1 亿部电影的评分数据开发了一个新算法,将奈飞现有的数据库效率提升了 10%。换句话说,如果你能建立一个比奈飞更好的一对一推荐系统,那你将会赢得那 100 万美元的大奖。

奈飞公司在 2006 年到 2009 年间主办了这项挑战赛,加强了对更新和更准确的推荐算法的研究。2009 年 9 月 21 号,100 万美元的奖金被颁予了 BellKor's Pragmatic Chaos 团队。下一场竞赛已经计划好了,但最终由于联邦贸易委员会(Federal Trade Commission)的一场诉讼以及对隐私的担心而被取消了。

我们可以明确的是,这些对个性化的研究让隐私的界限日益模糊。我们都知道一些令人感到可怕的例子,如通过大数据分析得出十几岁的女孩怀孕(甚至比她父亲知道得都要早),然后向其发送婴幼儿产品的优惠券。但很显然,为了在信息过载、看似有着无尽可能性的世界里生存,算法将会胜出。2013 年,亚马逊即时视频因其推荐系统获得了技术及工程艾美奖(Technology & Engineering Emmy award)。

正如亚马逊的副总裁比尔·卡尔(Bill Carr)所说:"我们的目标是给予顾客最佳的电影和电视观赏体验。这同时意味着我们要以一种个性化的方式,帮助顾客能够找到他们正想寻找的,并发现新的电视秀或电影。"

但什么是人们真正想要的呢?是什么让人们养成某种习惯呢?我们该怎样才能为你独特的口味及需求定制产品呢?我们如何才能深入你的脑海并了解如何向你进行推销?当然,这绝对不是使用屏幕保护系统,这点很明确。

最近两年,我们不仅看到了数字技术所取得的、令人难以置信的进步,让我们能够了解顾客的行为并用某些内容去影响他们,还看到了关于人类大脑如何工作,为什么我们会按照自己的方式进行反应的新见解。

这些研究既让人惊喜，也让人担忧。结果表明，我们对自己的行为和决策比原先认识的更具有显意识的控制力。

爆米花实验与潜意识品牌术

1957年在詹姆斯·麦克唐纳·维卡瑞（James McDonald Vicary）进行著名的潜意识广告研究后，潜意识在营销中所扮演的角色就开始成为人们研究和讨论的主题。维卡瑞是一名市场调研人员，主要工作是研究冲动型消费和语言辅助功能，在1957年那个温暖的夏天，他在纽约城郊区利堡的一家影院主导了一个实验。在6个星期里，他在由明星威廉·霍尔登（William Holden）和金·诺瓦克（Kim Novak）主演的电影《野餐》（*Picnic*）中插入了一段极其简短的潜意识信息。这条信息促使观看电影的人"吃爆米花"或"喝可口可乐"，信息仅仅出现了0.03秒。观影人不可能意识到这条信息，这个想法是为了观察那些人们感到厌烦的普通广告是否可以消除掉。

结果是令人惊叹的。可口可乐的销量上升了18%，爆米花的销量上升了56%。当商业杂志《广告时代》（*Advertising Age*）报道了这个故事后，一度引起了人们广泛的恐慌，公众为这种通过下毒或洗脑而达到可能的思想控制而恐慌。这也引起了美国中情局（CIA）的一项广泛调查，经过一个冗长的调查，它决定申请一项针对潜意识广告的禁令，禁令中说道："特定的个体会在特定的时间及特定的情况下受到影响，并在没有意识到这种影响的状况下产生非正常的行为。"

不幸的是，整个实验是错误的，这样的结果在其他任何背景下都不可能产生。而且在1962年，维卡瑞承认他的研究是伪造的，他收集到的数据太小而没有任何意义。

在丑闻被揭开之后，维卡瑞避开了所有的公众视线，但关于潜意识广告的都市传奇从来就没停止过。然而，对人类大脑运转方式和对外部刺激的反应的新的科学突破，再次激发了人们对潜意识力量全新的关注热潮。而这次不再是根据一个虚假的电影院实验了。

潜意识品牌术（Unconscious Branding）的提出者是道格拉斯·范·普雷特（Douglas Van Praet），他认为我们的显意识被极度高估了，干体力活其实是我们的潜意识在作用。营销人员很快就应用上了这点。

大脑中的众多过程都是自动进行的，涵盖了未经显意识参与的惊人信息量。这是为了防止我们因简单、常规的任务过载而产生的自然机制。但是，当面临决策时，我们还是倾向于假设是显意识所做出的。这被证明是错误的。

提摩西·威尔逊（Timothy Wilson）是弗吉尼亚大学的一名心理学教授，也是《最熟悉的陌生人》（*Strangers to Ourselves*）的作者。他描述到，我们的感官每秒能够处理11兆比特的信息量，而我们的显意识每秒仅能够处理40比特的信息。

实验心理学的研究已经证明，我们显意识记忆的极限大约是7件左右的事物。这就是为什么设计者在网页上往往会放置不超过7件东西，我们为什么会很费力才能记住购物单上的7件东西，或者为什么记忆在超过7位数后会变得非常困难的答案。当大脑的思考过载时，就像是在耍超出能力控制数量极限的球一样。

结果证明掌管身体的是我们大脑中的潜意识部分。它控制了绝大部分的感官知觉，而且所有的持续性的身体机能都是在潜意识下进行的。在这种情况下，正是你的潜意识保持平衡、命令心脏跳动、通知肺进行呼吸、生长头发和指甲、进行细胞更新以及移除血管中的毒素。它不仅仅持续性地掌控着你身材的内部状态，还掌控着包括发生在你周围的、通常作为潜在威胁的语境和机会，如天敌、食物源以及交配对象。我们潜意识的主要目标是自我保护，对我们自身的生存及基因进行复制。

如果要理解我们作为消费者的行为，我们就需要在做出判断时将潜意识和显意识一同进行考虑。

恐惧、信任和荷尔蒙：情感对潜意识的影响

约瑟夫·雷多克斯（Joseph LeDoux）是杏仁体（Amygdaloids）乐队的主唱。杏仁体乐队是纽约城的一支摇滚乐队，它在2007年推出的首张专辑叫作《重金属》（Heavy Mental）。你可能从没有听说过这支乐队，其实这支乐队的成员全部是认知神经学领域的研究者。这支乐队以杏仁体为名，杏仁体是大脑中一个杏仁形状的部分，它在处理记忆和情感反应中扮演关键角色。雷多克斯是这一领域研究重要的神经学家。

雷多克斯是纽约大学的一名神经学家及心理学家，同时也是恐惧与焦虑神经科学研究中心（Center for the Neuroscience of Fear and Anxiety）主任，这个研究中心致力于使用动物研究来理解人类恐惧和焦虑的病理性。他创新性地将情感作为一种生理现象进行研究。他对焦虑的研究证明，我们的身体甚至能在我们大脑没有意识到的情况下做出决定。"显意识吸引了我们所有的注意力，但显意识只是大脑活动的一小部分，而且还是在其背后运作的所有事物的奴隶"。

雷多克斯的发现基本上展现了杏仁体确实可以劫持我们的思想和身体，并完全绕过大脑皮层引起一些反应，而我们的显意识则依赖于大脑皮层。

安东尼奥·达马西奥（Antonio Damasio）是南加州大学的神经学专家，他非常完美地描述了这个现象："我们的情感对思考的影响比思考对情感的影响更大。"达马西奥是大脑及创造力研究院的负责人，他认为勒内·笛卡尔（René Descartes）的名句"我思故我在"存在错误，因为笛卡尔将理性和情感二元分离。笛卡尔这一论断源自他坚信理性头脑的力量。四百年后，达马西奥和雷多克斯将情感和潜意识放到了逻辑之前。

现在，关于为什么我们会对来自外部的刺激、信息及营销活动产生这样或那样的行为与反应，并不能用理性或理智来进行解释与理解。我们不是能被简单算法和规则进行控制或摆布的简单个体，而是对输入进行有偏向的、潜意识处理的、复杂的有机体。我们依靠自身错综复杂的化学反应系统来做出决定或选择。今天，为了成功，市场营销人员需要明白这一点。

道格拉斯·范·普雷特曾写道："所有的市场营销人员都是在进行买卖好感的交易，我们都是多巴胺的商贩。"出色的营销人员卖出世界上最好的药，即由大脑中精美药房所生产的情感的分子。

多巴胺实际上是这个过程的关键成分之一。中脑区域控制了我们的激励水平并通过在大脑额叶和颞叶区域释放出多巴胺来预测回报。但那里不仅仅有多巴胺。

这方面最重要的激素可能是后叶催产素，在哺乳、拥抱、抚摸及性行为的肢体接触中，大脑很容易就会释放出后叶催产素，所以又被称为爱情激素。

克莱蒙特研究大学（Claremont Graduate University）的保罗·扎克（Paul

Zak）博士是神经经济学新兴领域的奠基人之一。他说爱情激素是联结人和团体的社会黏结剂，就像市场依靠的让很多交易成为可能的经济润滑剂一样。如扎克博士所解释的："当某人信任着我们，并诱使我们回报以信任时，他就会释放爱情激素。"

事实证明，爱情激素不仅会在实体接触中，还会在虚拟环境中发挥作用。扎克观察到，当使用社交媒体让一个人接触到内容、信息或图片时，可以促使爱情激素释放水平呈两位数上升。大脑似乎不能区分真实的、想象的或者虚拟的朋友。

那么，这对于营销人员又意味着什么呢？他们必须要学习大脑工作的内在原理吗？要成为杏仁体专家吗？要了解爱情激素及多巴胺的化学反应吗？需要买一张《重金属》的光碟吗？这些统统都不用。他们仅需要了解两个被其引发的潮流：一是市场正在网络化；二是每个人对投入的反应应该基于神经经济学的概念。

我相信营销的未来是神经经济学网络。到那时，企业必须了解如何去影响网络，从而影响个体消费者。它们必须为独一无二的个体量身定做，尽管它们都是持续信息流的一部分，且它们的行为只是部分受到显意识控制。它们必须理解营销已经从一个简单的线性系统变为复杂系统——巴拉巴西式的一个无尺度网络信息流——其核心是顾客。

营销的未来

互联网时代的营销大师以及畅销书作家赛斯·高汀（Seth Godin）谈到了电视工业综合体（TV-industrial complex）的终结。高汀一开始是一名软件销售员，但后来创办了最早的网络直销公司之一——Yoyodyne公司，该公司在1998年被雅虎收购。直到2000年，他一直担任雅虎公司的营销负责人一职。

在互联网的第一波浪潮中，高汀宣传特许营销的概念，认为企业应该提供"预先考虑的、个性化及相关"的东西，与在电视和广播中做广告不同，这被高汀称为"干扰式营销"，因为这干扰了消费者正在做的事情。

后来，高汀认为互联网终结了广泛营销并复活了很久以前人类社会的单元——群体。我们似乎在重新体验古老的组织模式，并在稳定维护群体青睐的同时，不断追求对自身利益的维护。

但忽然间，群体变得越来越大，它们的规模和网络一般大。今天的网络行为（如社交网络的成长），让我想起了尤吉·贝拉（Yogi Berra）的悖论名言："没人会去那里，因为那里太挤了。"

那些懂得如何去影响位于信息超流体网络中的人们的企业，将会掌控网络神经经济学的世界。我们需要为营销世界开发出一个复杂的理论，在那里，我们将抛弃对目标人群完全控制的想法，并应用波动性、不确定性、复杂性和模糊性的VUCA模式。我们需要认识到市场已经成为网络，并且需要能够影响这种动态的行为，摒弃那种将市场看作一阶系统的简单观点。

我们必须明白如何去影响群体。

近50年来，营销的传统方法是雇一家广告公司，然后让他们出营销方案。营销这项工作太复杂了，也太恐怖了，还是让我们把它外包给那些至少有行业奖项来证明他们知道自己在干什么的人们吧。

广告公司的模式一直在变化，尤其是在报酬支付方式上。最近，这个模式好像完全不起作用了，在网络神经经济学时代，只能被同等的中介所取代[1]。

当一个品牌想要被某一目标群体有所了解，它会聘用一家广告公司。广告公司会精心制作一个巧妙的信息发布，以建立该品牌体系，并指出它会使用何种媒介向目标群体进行传播。在媒介种类的选择上，如广播、电视、广告牌、横幅广告、模特广告等，都要与其最适用的技术形式密切相关，以期最大化覆盖目标群体。通常来说，这些渠道都非常昂贵。

接下来，交互的动态就会陆续展开。

标准模式下媒体的费用大概占 15%，这就意味着当媒体同意并投放由同一家广告公司管理的创造性作品（就像《广告狂人》里的一样）时，该广告公司就会收到支付给媒体费用的 15% 作为佣金，然后向媒体所针对的目标群体进行铺天盖地的宣传，希望能命中足够多天真的路人来帮助其完成营销任务（战略军事行动和营销活动都叫作任务并非巧合）。图 5-4 所展示的就是广告公司参与广告投放的过程。

但是数字世界开始对传统广告公司发出了挑战，广告可以更加精确地进行测量，你可以统计出有多少人点击了某个链接，他们停留了多长时间，他们浏览了多少页面，以及他们在离开页面前看了你的广告多长时间。所有这些让事情产生了变化，而且是非常显著的变化。

在数字媒体时代，15% 的模式受到挤压，越来越多的公司开始希望得到 100% 的支出绩效比，在这种情况下，客户会严格以每个行动（每个行动指一个链接、出售、注册、下载或点击）为准来支付钱。

---

[1] 我关于广告的想法很大程度上受到了与安德烈·杜瓦尔（André Duval）之间愉快交流的影响，他是杜瓦尔联盟的创始人和总裁，也是欧洲最有经验的广告狂人。

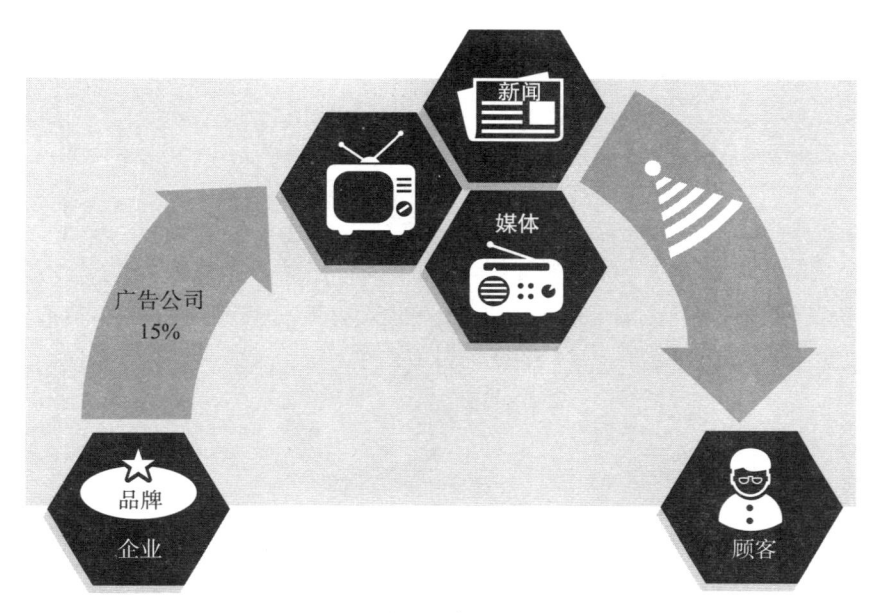

图 5-4　广告公司参与的营销过程

今天，15% 的模式和地毯式宣传已经被替代（如图 5-5 所示）。

市场已经成为信息的网络，品牌和渠道只是流经消费者信息中的一部分，而消费者在不停地接收信息，以一种《广告狂人》时代不曾想象得到的方式激发多巴胺和爱情激素。

如何找到正确的渠道不再是难题，如何熬过去才是最难。你应该如何去影响一个已被信息吞没的人呢？"内容为王"的箴言已经过去，链接成为新的箴言。个体不再需要额外的信息，但需要不停地为模式寻找意义。

我们的思维被设计成寻找模式，在信息的海洋里寻找有意义的模式是流动消费者的典范。

可以说市场营销人员或者整个组织，在让我们的生活变得更加简单的任务中失败了。相反，多数营销人员并没有让生活更加便捷，反而让生活更加困难。

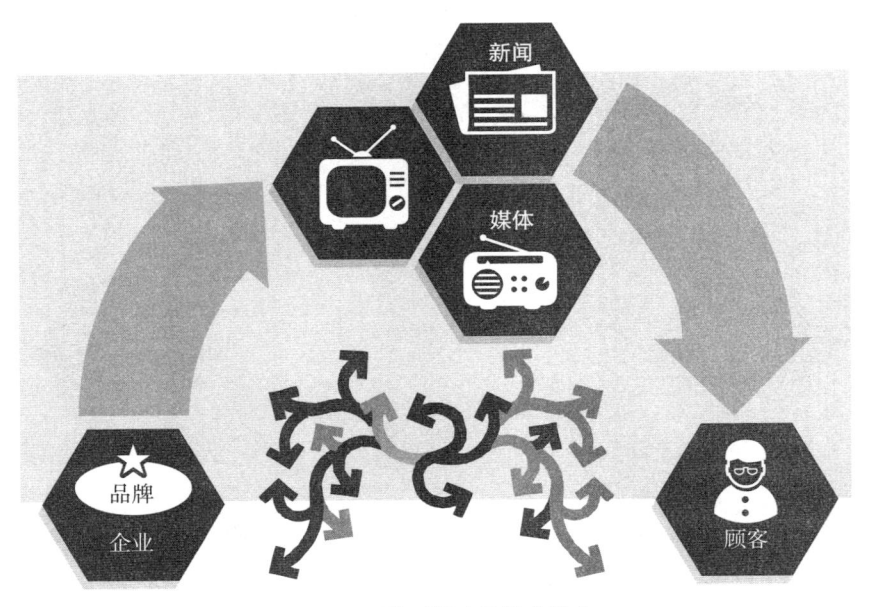

图 5-5　网络时代产品推广模式

正如道格拉斯·范·普雷特所说的："一般的药店销售 350 种不同的牙膏以及 55 种牙线。我们不仅面对着不断增长的、相互矛盾的媒体环境，还发布着相互矛盾的信息。"在美国，研究已经表明消费者每天都要受多达 3 500 个广告的侵扰。品牌和营销信息逐渐破坏了推广作为简便易选择和更好生活的初衷，反而制造了销售和消费者皆输的局面。

心理学家巴里·施瓦茨（Barry Schwarz）描述到选择的多样化反而让我们不太容易做出购买决定。当我们不知所措时，我们就会直觉地去寻找可信任的指引。然而，传统的营销和推广方法再不能给我们那种可以信任的感觉了。

相反，我们已经将信任交给了网络。我们相信网络上的人——朋友也好，陌生人也罢，甚至电视上的发言人或明星。我们宁肯相信从营销大师高汀群成员那里听到的信息，也不愿意相信麦迪逊大道机构上传的消息是真的。

最近，我们已经看到诸如 Klout 公司开发的、可以对个人在社交网络上的影响力进行测评的工具的兴起。尽管 Klout 公司刚刚推出分析数据，但趋势很明显：我们曾经相信某个品牌或某一特定的消息来源（如报纸），但现在我们开始相信网络上的个人。

过去，那些媒体地毯式投放的有效性通常由像尼尔森（Nielsen）这样的公司来进行分析。未来，我们必须采用基于网络影响力的不同测评方法，并要了解如何接触到网络中那些至关重要的节点。

未来，我们应该如何处理营销这个概念，又应该如何完成技术和营销的融合呢？在消费者行为变得愈加流动的世界里，什么才会是长久的策略呢？

接下来我将给出一些提示。

普通已经过时：超越唐和玛莎

普通太古老了。不管怎样，谁是你的普通顾客？如果你告诉你的一位顾客，说你认为她很普通，她有可能会给你一拳——至少会因为被如此对待而生气、恼怒或失望。

一开始讲到的唐和玛莎关于一对一营销的方向是很有希望的，但他们的方法——相对于个性化更像一个大众定制——是错的。消费者希望被独一无二地对待，我们必须比以往更好地了解顾客的各种行为。我们必须考虑到独特个体的显意识和潜意识影响，而且我们必须能够预料到消费者真正想要的是什么。你不是那个统计学平均数所代表的，你就是你。

倾听并理解

保罗·亚顿（Paul Arden）说过："如果你希望成为一个有趣的人，你首先就要对事物感兴趣。"这正是我们在网络神经经济学时代需要做的。世界已经变得很复杂，而网络只会加速复杂化。我们不能依靠简单的行动——类似反馈的行为，而是需要找到新模式，寻找真知灼见，并拥抱复杂性。

换句话说，具有讽刺意味的是，尽管我们都希望被独特地对待，但这并不是说在其他人行为上出现的模式不能帮助公司来预测我们所喜欢的商品。亚马逊公司能够依据认为我们会喜欢的，向特定的某个人推荐产品。也就是说，以众多其他人做出相似行为的模式为基础。

信任是必不可少的

网络神经经济学的核心动力是信任，但建立信任必须是真诚的，是根植于对网络社会游戏规则的深刻理解当中的。你再不能控制你的顾客，再不能强迫某个特定区域的人口。你必须以一种不会违背网络信任的方法去影响人们。如高汀指出的："人类无助于此，我们需要归属感。我们最有力的生存原则之一就是成为群体中的一员，为具有相同思想成员的组织作出贡献。"这些群体则依赖于信任。

我最喜欢的一个勇敢无畏的例子是有关高乐氏（Clorox）公司的。它的污渍应用 App 总是推荐一些去除污渍的最佳办法，甚至不惜推荐竞争者的产品。希尔顿酒店同样也会建议旅行者在到达某一城镇时去吃货必去的馆子品尝美食，即使那些餐馆是入驻在竞争对手的酒店里。这就是你建立信任的方式——要大胆。

今天，互联网上那些简单化的广告模式是极其可怕的。谁没有经历过在浏览网页时突然跳出的横幅广告，但你并没有多加注意，你避开了它——只不过在你浏览下一页时还会面对完全相同的广告，也许会带着不同的词语或不同的图片。你也没有点击，但令你厌烦的是，这个广告就像一个醉鬼一样跟着你。不用奇怪，互联网用户已经对这种简单化的广告产生了免疫——就像细菌对你反复使用的抗生素产生免疫一样，用户能参与其实就已经赚到了。

转变成为多面手

1508年，在教皇尤利乌斯二世（Pope Julius II）不停地抱怨西斯廷教堂天花板的进度时，米开朗基罗（Michelangelo）对教皇说道："但是陛下，我不是画家。"

我喜欢引用米开朗基罗的话，尽管这可能不是他和教皇说的原话。在天花板上作画耗费了他四年的时间，直到1512年才完工。然后他在1535年到1541年期间，又用了6年的时间绘制《末日审判》（*The Last Judgment*）这幅画——西斯廷教堂圣坛墙上最宏伟的壁画。

下一代的营销人员不仅仅要为消费者建立信息或了解消费者的行为，还必须了解科技——不用达到可以处理下一个社交营销技巧浪潮的程度，但需要能够了解掌控技术世界的动力学和原理。同时，下一代营销人员还必须要了解神经学——并不是说他们要能够区分出杏仁体，而是说他们应该基于新兴的神经经济学原理去了解个体的影响。总而言之，下一代营销人员必须成为网络思考者，去了解网络节点在将顾客当成信息生态系统中的一部分的世界里所产生的影响力。

那也许是最重要的一课，未来不再是非此即彼。世界已经变得弯曲，交织融合在了一起。对一个需要生存下来的组织而言，要想了解这个涉及多个学科的世界，成为多面手就变得至关重要了。

建立营销的"动物园"

在过去10年里，YouTube是最重要的科技公司之一，也是我们网络社会的核心推动力之一。YouTube上的观看数量、观众人数、点击率以及视频数量十分惊人，但YouTube是一家技术公司，由工程师们管理、推动并驾驭着。

不久前，YouTube做了一件非常聪明的事。它聘用了来自广告世界里的一些人——彻头彻尾的广告狂人——来共同打造一个叫作"动物园"的概念。这座"动物园"由麦克·亚普（Mike Yapp）管理，他是一位极具创造力的天才，曾是Carat公司的创意总监，Carat公司是安吉斯集团（Aegis Group）旗下一家有着数千名雇员的广告公司，安吉斯集团在伦敦证券交易所上市。麦克在营销界度过一段成功的职业生涯之后光荣退休了，然后将余生用在追求其认为真正富有激情的事情上——在加利福尼亚海滩冲浪。但后来YouTube打来电话，邀请他在YouTube内部成立一个广告代理机构，让其作为与搜索世界——谷歌、视频世界——YouTube以及广告人的世界之间的一座桥梁，那是YouTube利润的来源之地。

这个"动物园"项目只是个实验，但它属于一个内部网络，它摒弃了YouTube传统的等级制度。它的目的是影响那些大型的、由工程师驱动的公司，并让它们与广告的世界更为协调。结果是非常惊人的，"动物园"项目成为YouTube的关键驱动力，它能够和广告商建立战略关系并具有稳固的盈利模式。

"动物园"这个名字非常贴切，它是由各种各样的人组合而成的：工程师与创意人员的组合；广告高管与骇客的组合；社会学家与心理学家的组合；神经学家和图书馆管理员的组合。

如果你希望了解营销的未来，那你就需要像"动物园"一样建立自己的营销部门——没有限制、没有界限的动物园。营销不再是一项技巧，也不再是只有营销人员的营销部门就能做好的。

在未来，营销本身就是一个网络。

当市场翻转之后

水在 100 摄氏度就会沸腾。

但我发现了一件很有意思的事，当你将水加热到 99 摄氏度时，你什么也看不到。水仅仅就是水，只不过很烫。但随后当水达到 100 摄氏度的临界值时，忽然间水就充满了气泡和漩涡，充满了刺激及迫在眉睫的危险。

这就是我们周围的市场所发生的。我们不断在使市场变热，注入越来越多的能量，却只有很小甚至没有什么可看得到的变化，但随后市场突然翻转，变成了一个沸腾的智能网络。

当市场翻转后，消费者忽然就掌控了市场。消费者拥有了力量，并且是全权掌控，这就是市场翻转的基本特征。"消费者化"（consumerization）这个词就是指在新常态到来之际，曾经掌握在技术精英手中的、对市场的控制力，如今已被转移到了消费者手中。

相对于 IT 部门的头会告诉他们哪些技术能使用，哪些设备会被用到，今天的用户可以自主选择自己使用的设备，他们拥有了这种力量。

同样的消费者化也将发生在营销人员身上。当市场翻转后，原有的营销人员控制训练将会消失殆尽，掌握与顾客对话的能力也将迅速丧失。市场已经变成了智能的网络，它们服从不同的规则并遵守不同的模式。

为了跟上节奏，企业同样需要翻转。它们需要重新思考合作、采购和创新的方法。为了生存，企业必须翻转其内部结构，只有这样才能做到迅速反应。

当市场开始沸腾——它们将被奇迹般地激活。

你准备好了吗？

健康网络化时代

医学领域正在飞速发展，并且处在不断提速的发展中。2003年4月，克雷格·文特尔（Craig Venter）和他的团队在圣地亚哥首次完成了人类基因组测序，这是人类成就的一次飞跃。但是，其研究成本巨大：分解人类基因组的投资资金为27亿美元。

1953年，詹姆斯·沃森（James Watson）和克里克（Crick）在《自然》杂志刊发的一篇论文中首次提出了DNA优美的双螺旋结构。由于过于保守，他们在《自然》杂志上刊发的这篇文章的文前是这样标注的："这种结构有着非同寻常的特点，也有着极大的生物学价值。"

2003年，任何能登录互联网的人都能够看到历史上首个包含有人类全部基因组序列的图谱。在首次发现DNA的结构和第一次完全"解读"人类全部基因组之间仅仅相差了半个世纪。

2007年，沃森——DNA双螺旋结构的共同发现者，花费了大约100万美元完成了全部基因组测序。到了2013年，绘出某个人的基因组图谱通常只需要

1 000～4 000 美元。每比特生物信息成本的下降幅度比摩尔定律还要大，而且以"人类基因组全部测序花费低于 100 美元"为目标的竞赛也已经开始。

与此同时，科技的发展已经允许我们能史无前例地以更低的成本了解自己的身体；同样我们也看到了，人类是如此渴望对自身行为的测评，并痴迷于对自身内部构造的了解。我们看到人们佩戴 Fitbits 公司的智能手环和耐克运动腕带，它们可以测量、存储并显示我们核心的生命力特征。但这一切仅仅是开始。

这项运动经常被称为"量化自我"，人们试图通过"借助数据认识自我"，去了解我们自身体系是如何运转的。这个想法是收集所有的数据输入（心率、进食、锻炼养生法、血氧水平），然后将这些数据和表现进行关联。实际上，利用今天的科技，不仅仅是可能的，同时也是相当简单的，实现的成本也比较低。我们有足够的技术让我们跟踪自己的生命迹象，然后存储它们，将它们发送到云端进行分析，并最终对结果进行解释和可视化。

这真的可以彻底改变我们监控及跟踪自己健康的方式。在传统医学上，你每年需要医生对你的心脏进行一次检查，典型的检查是每年对心脏进行 1 分钟的观察，由你的医师拿着听诊器放在你的胸上。每年受到检查的心跳大概是 80 次。

在整个生命历程中，加起来会有 6 000 次心跳被医师"听到"。如果你知道人的一生有 30 亿次的心跳，那 6 000 次简直就是微不足道！在统计学上这是不相关的。但在"量化自我"的时代，你可以拥有自己完整的心脏形态、血压状况、体温曲线、肌肉应力、氧气流量等历史数据。通过这些数据，你可以每时每刻对自己的生命体征进行观察。尽管观察者不是人类，而是机器和算法。

平均值已经过时

医疗卫生经历了一系列的重大变化。接下来，我们将阐述医疗卫生行业是如何从混乱的、以价值链为核心的体系向以患者为核心的生态系统进化的。

今天，患者是主宰者，而且围绕着患者，我们找到了成体系的参与者，包

健康网络化时代

括网页、社交媒体投入、在线社团、谷歌及维基百科。这个生态系统的核心是患者；患者掌管一切，并且现在患者影响医师的程度与医师影响患者的程度是一样的。

传统的医疗是一个平均值的游戏。当你生病了，现有的医疗模式会尽快地查出你是哪里出了问题，并诊断出你得了什么病，然后基于临床试验的平均反应，向你提供对大多数具有相同症状的人有用的治疗，但是并不保证这个是否适合你。只是有迹象表明，一般情况下，这个治疗过程是正确的。

而事实是，当你病了，你并不希望被看作"一般人"。当我生病了，我希望能够针对我特殊的状况进行治疗，并基于我的基因背景和医疗历史。我希望药对我是好的，而我不关心什么是一般情况。

未来的药物将极具个性化。人们希望有为自身特定设计的药物。我不是指那种消遣性药物，而是指更大可能地来治好患者的病的那些分子和化合物。

依据著名学者理查德·艾珀斯坦（Richard A. Epstein）的说法，当下更多关注于对"一般人"进行的药物反应，导致了一个要么去、要么不去的决定，这会导致形成对风险的高估，而忽略了个体差异化的惯性思维，这样会没必要地剥夺了针对某些患者有价值的可行性治疗研究。

今天，个性化治疗依然是一个极其昂贵并罕见的方法。当史蒂夫·乔布斯被诊断出胰腺癌时，他在全世界数个研究院都有一支研究队伍，测序他的DNA，以便能够开发出一种特别适用于他自身变异细胞的治疗过程。2009年，他在瑞士进行了一次为其量身定做的实验性治疗。当他完成后，他成为世界上少数几个将DNA序列完全测出的人之一。

但随着医疗进步得如此迅速，这种测序不再是富人的特权，它最终将会成为主流。今天，50多万美国人使用了类似23andMe提供的服务，即"快速基因测试"服务。这家公司之所以起名为23andMe，是因为一般人的细胞内有23

对染色体。23andMe 由安妮·沃西基（Anne Wojcicki）创办的，她和谷歌创始人谢尔盖·布林（Sergey Brin）是夫妻。

23andMe 在 2007 年开始提供 DNA 测序服务。顾客用唾液提供样本来进行 DNA 分析。结果将发布在网上并允许用户得到自己的图谱、遗传特征以及可能的先天性风险因素。当你使用这样的服务时，你可以看到你患某些病的可能性，如糖尿病、阿尔茨海默病及老年痴呆症①。未来的医疗将不会是一般性的，它将会和特殊个体相关。但这种技术的可获得性与你本人身体健康状况的结合，将催生众多超出我们以前遇到的道德和伦理上的困境。

在未来，你的基因密码将会印在一张 ID 卡上。药物将会依据你的基因进行定制，并将有助于阻止一些你有风险会患上的特殊疾病。

保险公司的业务是基于平均水平的规律，基于群体中风险扩散的科学。但作为从一般性到个体转变的结果，健康保险的业务将会发生显著的变化。政府规章可能将反映在确保保险公司或雇主永远不能够强迫个人放开如此隐私的信息。

但如果人们自愿地让保险公司或雇主查看个人隐私健康记录时会怎么样？如果人们让保险公司得到他们 DNA 数据的权限，并说："给我你最划算的养老保险"会怎么样？健康将变得极为隐私。

铁锈消失了

牙科专业的服务已经发生了一个显著的转变，同样，我们会在一般医疗领域看到同样的转变。50 年前，牙医主要处理的牙齿问题是——拔出已经坏掉的牙齿。今天，随着口腔卫生的巨大进步，牙科专业开始涵盖帮助护理牙齿，或者将牙齿排列整齐，但本质上是在预防问题上而不是治疗问题上扮演了更为重要的角色。

---

① 2013 年 11 月，23andMe 被美国监管机构告知暂停其主要产品的销售，因为 23andMe 没有获得"市场准入和允许"。美国食品药品管理局担心因这个设备中不准确的信息会带来健康隐患。很明显，传统的"自我评价"方法在这样一个快速变化的世界里需要改变。

健康网络化时代

这让我想起了另一件事——许多商店曾提供车用"防锈剂"产品。我在欧洲一个相当潮湿的地方长大,那里的汽车在冬天经常遭受非常严重的锈蚀。汽车可以使用防锈剂,从而避免这些因素,但今天那些商店几乎都关门了,汽车不再生锈,我们已经找到让爱车不再受到那些因素干扰的方法。

监控技术的到来以及传感器的大量出现,结合无处不在的沟通以使你的健康信息从你的身体输入到算法中,并将会在医疗卫生行业孕育全新的角色。这些公司将基于持续性地对个人健康的监控,提供"服务型医疗卫生",使我们的身体保持在一个很好的状态,提供纠正措施及积极性护理。不同于拔牙或除锈,这些服务供应将成为真正的健康卫士。埃里克·托普(Erik Topol)将这个时代称为"疾病的终结"。

你将会相信谁

但卫生行业的"掌权者"是不同意的,而且托普的观点也极具争议。但信息日益丰富的转变及对那些专注于个体患者而不是一般情况的产业的可行性,会产生许多具备颠覆性的新兴商业模式,它们将改变医疗卫生的面貌。

这种转变同样也改变了我们的信任状况。过去,患者只能盲目地相信医生、医院及药店——因为他们必须这样做,当时没有其他选项。然而,在今天超链接的社会中,信息开始流动并高度透明已成为新常态,这种信任开始被重塑。

如今,当你需要进行一个大手术,如更换膝盖或髋骨甚至心脏搭桥手术时,查查你要去的那家医院是否是这方面的权威已经非常普遍。今天,医疗手段的结果和成功比例都是网上可查的,患者就能够做出有根据的选择。现在我们都会通过网站对度假区进行比较,在这样的世界里,我们在更换自己心脏瓣膜时更不应该少了这些环节。

医生常常是具有巨大威望的人。自古以来,医生是社会的支柱,有着极大的权力。如果医生建议你将水蛭放在你胸上来退烧,天啊,那可是吸血虫呀!如果你的全科医生建议你服用一剂特殊的药来治疗你的疼痛，你怎么可能会反对呢？网络时代在很大程度上对所有的这一切发出了挑战。

医学信息、手术成功率和医生评价的透明性仅仅是个开始，越来越多的人开始在线共享信息，允许患者进行对比。像 PatientLikeMe.com 这样的平台的出现惹恼了世界范围的医生游说团体，这类特殊的网站允许患有相似疾病的人们通过平台相互联系，然后开始互动、比较，以及交换诸如你用了什么药、你的剂量是多少、结果怎么样等信息。

当你患上危及生命的疾病后，那么对隐私的担忧将变得次要了。最重要的是，你希望找到所有你能找到的方法来延续你的生命，同时你也很愿意共享所有能让自己或他人痊愈的个人信息。这就能解释 PatientLikeMe.com 这样的社交平台为什么成功的原因了，这也能解释正在发生的信任转变了。患者们开始互相信任，网络也开始流动。在一个越来越多的患者将能够上传越来越多的个人数据的平台，通过将这些医疗卫生信息予以整合，这些信息将在网络中变得具有价值，并可以被开发出来。

英特尔公司前任首席执行官克莱格·巴雷特（Craig Barrett）看到了在计算机行业变革与医疗卫生行业变革之间的相似性。在 IT 行业早期，我们经历过大型机的时代：远在个人电脑出现之前，世界电脑的力量依赖于由技术员控制的巨大机器。他们成为了专业大型机的职业精英。而在今天的"云世界"中，在线服务和在线应用的兴起，个人能够自主决定何时以及哪种设计功能是他想要的，我们已经转移到了科技的自我服务模式。

根据巴雷特博士的分析，医生是当今医疗领域的主机。已经到来的互联网＋健康革命将显著改变他们的角色，随着更多的个性化、定制化以及自助化的医疗卫生的兴起，医生将扮演信息的关键分配者的角色。

当你观察医疗领域的变革时，请关注这两个基本面的转变：一是患者信任的图谱从传统的机构移向了网络和社区的患者；二是患者对医疗卫生的态度从传统的被动医疗模式转变为更加主动的一方。这可以从以下四个明显不同的场景表现出来（如图 5-6 所示）。

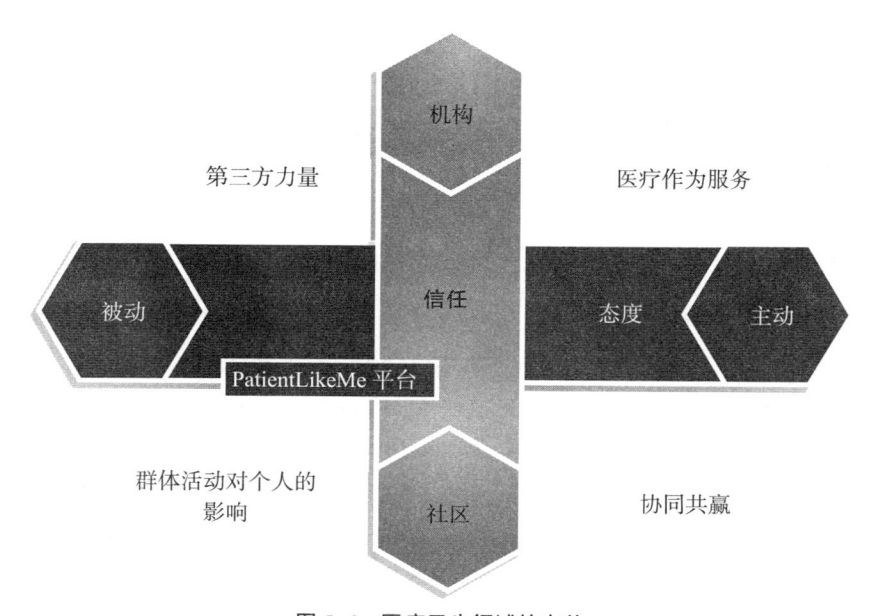

```
         机构
    第三方力量         医疗作为服务
  被动      信任      态度    主动
      PatientLikeMe 平台
    群体活动对个人的        协同共赢
        影响         社区
```

图 5-6 医疗卫生领域的变革

图 5-6 左上角代表的是传统的一方，即机构（医院、大制药厂）占据着信任的主要来源。患者面对医疗卫生所持有的被动（得病后）态度意味着当前模式，第三方力量保持主导地位。如果患者态度转变为面对健康更加主动的态度，这将会导致向他们社区的顾客提供医疗服务的供应者出现。

当我们看图中底部时，发现信任转移到网络上，而社区部分占据优势，我们可以看出，现有平台（如 PatientLikeMe）正是这种健康群体协同行动模式的开始。在这种情况下，面对健康的一种更加积极主动的态度可能会导致集体和合作共赢商业模式的出现。

更有可能的场景是这个世界将提供所有不同模式的医疗服务，各方各尽其责，从而使得医疗卫生行业的面貌比以往更加丰富、更具挑战性。但随着新技术的出现及网络的兴起，健康世界将完全重新洗牌，从而向一个网络化健康的方向发展。

三录仪

X奖基金会是一个鼓舞人心的组织，它通常会发布一些不可能的任务并向那些完成任务的人授予巨额奖金。2004年，硅谷的一群亿万富翁建立了一个基金，并承诺向将太空旅行商业化变为可能的人奖励1 000万美元，即第一次由非官方组织在两周内两次成功发射可回收载人空间飞行器进入太空。

X奖项背后的理念和查尔斯·林德伯格（Charles Lindbergh）的故事相关。他驾驶自己的飞机——圣路易斯精神号（The Spirit of St.Louis）——在1927年横跨大西洋。林德伯格第一次实现了从纽约长岛花园城市的罗斯福机场单飞、无停留飞向法国巴黎的勒布榭机场（Le Bourget Field）。他差点就失败了，这在当时是一项伟大的壮举，而林德伯格在恶劣的条件下横跨大西洋的真正原因是他想获得一个奖项，奖金是2.5万美元，这在当时算是一笔巨款，颁奖的是法裔酒店业巨头雷蒙德·奥特格（Raymond Orteig）[①]，他对飞行非常着迷。林德伯格冒着生命危险已经够疯狂，而此举诞生了今天我们认为想当然的跨大洋商业航空旅行。

X奖的太空挑战也是因几乎同样的理由而诞生的。为了1 000万美元的奖金，数十家公司包括维珍银河（Virgin Galactic）在内［其老板理查德·布兰森（Richard Branson）是个亿万富翁，也是个古怪的企业家］一起来竞争，结果创造了价值数万亿美元的商业太空旅行产业。另一个参赛者是太空探索技术公司（Space X），其创建者同样是不循老路并富有魅力的亿万富翁企业家埃隆·马

---

① 聘书是在一封信中寄给艾伦·拉姆齐·霍利（Alan Ramsay Hawley），即美国航空俱乐部（Aero Club of America）主席，由雷蒙德·奥特格提出："先生们，作为对无畏的飞行员的鼓励，通过美国航空俱乐部赞助和管理，我愿意拿出25 000美元，奖励给第一位一次性飞越大西洋的任何一位盟国飞行员，从巴黎到纽约或者从纽约到巴黎，其他所有细节自行考虑。

健康网络化时代

斯克（Elon Musk）。太空探索技术公司获得了和美国国家航空航天局（NASA）的一份30亿美元的合同，用其所有的解决方案来替代航天飞机。这个奖项在2004年10月4号——第一颗人造地球卫星史普尼克1号发射47周年纪念日——由伯特·鲁坦（Burt Rutan）设计、微软创始人保罗·艾伦（Paul Allen）资助的一级（Tier One）项目获得。

正如X奖基金会声明的："如果政府在政府补助金中拿出1000万美元来，我们最终只会获得三个白皮书和一个关于未来空间旅行的演示幻灯片。而现在，我们用一个1000万美元的奖金创建了一个数万亿美元的产业。"

2011年，X奖基金会又发布了一个新的挑战——三录仪（Tricorder）。这个名字来自于电影《星际迷航》里面的一个设备，它可以用来即时诊断小毛病。飞船上的医疗专员会迅速拿出他的医疗三录仪，然后立即指出患者哪里出了问题。这个1000万美元奖金的三录仪奖项竞赛，由高通公司（Qualcomm）主办，全世界已有数十家公司正努力建造这样的设备，结合超链接和超级个性化来开发出一个建立在网络时代的医疗器具。作为一名参赛者，一家叫作Scanadu[①]的初创公司回应道："我们将让你的智能手机链接到医学院。"

我们将是最后一代对自己健康了解甚少的人。在网络时代，健康信息的流动一定会令人惊叹。正如我们爷爷辈的生活方式对我们而言太原始，今天的医疗在你的孙子辈的时代看起来，简直就像巫术。

[①] Scanadu是一家向消费者提供医疗科技设备的初创企业。它由沃尔特·德·布劳威尔（Walter De Brouwer）在2011年成立。这家公司在位于山景城的美国太空研究院总署里建立了一间实验室，在那里和美国加州奇点大学（Singularity University）共用实验室。Scanadu公司的第一个产品的模型——侦察兵（Scout）在2012年11月29日发布。侦察兵是个便携的点子设备，被用来测量一系列健康数据，包括脉搏传导时间、心率、心电图、体温、心变差异性以及血氧浓度。

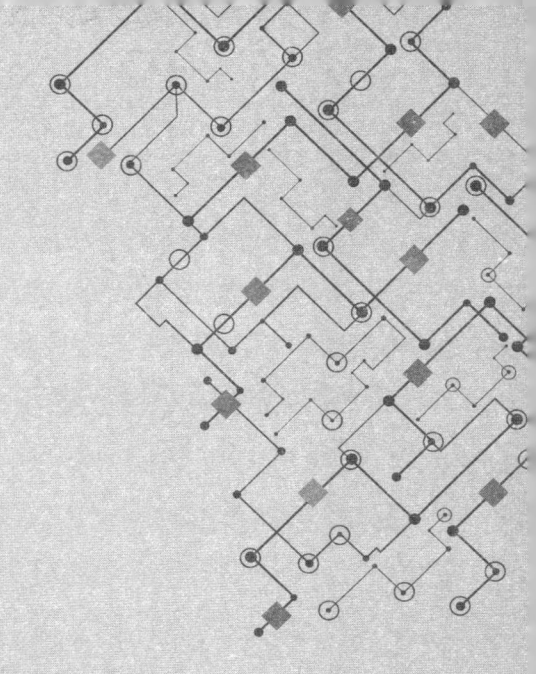

第 6 章

当组织成为创新的网络

这是全新的第一代,他们的成长与所有人以及所有事物都相互联系。这就是让他们独一无二的原因,千禧一代真的应该被称为网络一代——N世代。

> 公司一成不变的架构以及线性的职业晋升途径将会在网络时代被彻底改变。为了能够在网络社会生存，企业必须更具流动性。

我的父亲一直在为世界上最大的石油公司工作，他的一生都没换过职业。他毕业后就被这家公司录用，然后就一直在那里工作到退休。父亲热爱他的工作，也尊敬他的老板，但他并不是一直都喜欢自己为之工作的体系。我记得有很多次，他晚上回到家后会对公司政治、愚蠢的规章以及无能的管理者抱怨一通。这可能就是刺激我进行创业的原因。

但我父亲和他老板之间的关系可以用"忠诚"这个词来形容。职员对他的老板忠诚，作为交换，老板对待职员也很负责。那是多么美妙的时光呀！

职业的概念在那个年代是富含意义的，职业即是一条矢量向上的路径。你可能要从底层做起，然后人力资源部门每年都会考察你在公司晋升制度上取得了多少进步，就像你通过门框来测量自己孩子的成长一样。

一份工作随着合同的签署确定了你和老板之间的信任。公司希望能够相信你会尽全力，作为交换，公司会对你负责——向你提供桌子、电脑、手机、笔、车及停车场，以及成桶的咖啡来帮你度过沉闷的会议。这听起来像个公平的交易。

当然，你有权拿到相应的报酬，字典对其的描述是"给予某人某些东西的行为，例如钱，作为某种损失的补偿"。所以，这份报酬是你失去某些东西的补偿。准确吗？或者说是当你加入公司后放弃的自由？

我不是看不起以前的组织架构和机制。我认为，在新常态的技术尚未出现的时候，即在网络思维尚未占据主导地位的时代，当我们为执行更有效、大规模的计划而建立公司时，它们是非常有效的。

N 世代

但今天的实际情况已经完全不同了。到 2020 年的时候，美国 46% 的劳动力将会来自千禧一代，即《时代周刊》称为的"自我的一代"，而且网络思维已经烙在这一代人的灵魂上了。过去，我错误地认为，区分这一代的是其处理数字事物的能力。但是我错了，真的，这些人对任何带有开/关键的事物都非常精通，事实还远不只这些。这是在与所有人以及所有事物都相互联系中成长起来的第一代，这就是让他们独一无二的原因。千禧一代真的应该被称为网络一代，即 N 世代。

下一代是在轻博客 Tumblr、Facebook 和 Twitter 上成长起来的。他们熟知网络的规则和活力。

网络不在乎等级制度。在一个减少到六度分离空间的世界里，我何必还要在乎和总裁之间隔着10级管理者的体系和等级制度。N世代的他们学会了在网络中生活，与网络建立联系，并在网络中进步。对于他们而言，和总裁的关系与职位无关。人际关系不是垂直的，而始终都是网络化的。这已经成为一个公平竞争的竞技场，而载体就是网络。

如果你想在网络中进步，那你必须满足网络。你必须在网络中共享信息并使其加速。设想一下，当千禧一代进入职场时所带来的文化冲击，之前信息还是种静态力——就像你将一箱好酒贮藏在地下室里。

网络绝对是精英制的。据加里·哈默尔（Gary Hamel）所说，如果你在YouTube上发布一些东西，人们是不会问你是否上过电影学院的。如果那是部精彩的视频，那就会被人们标记为精彩的视频。你因自己在网络上的所做、所给、所分享的而获得了自己的权利，而不是根据什么荣誉勋章。

而且，这将真正地改变我们工作的方式，改变我们为未来建立组织的形式以及对于公司的构想。

我一直怀疑如今究竟有多少公司能在其内部通过关注事物的本质和实用性来塑造新的工作环境。它们拆除隔间建立了开放的工作空间，很好；它们给每个人一台酷酷的笔记本电脑和一部智能手机，很好；它们采用灵活的工作时间，提供舒适的会议室，在自助小餐厅里放上创意设计家具，在咖啡角设置了台球桌和街机游戏机，非常好。然后什么也没有发生。它们好像认为，将办公室装扮得和位于加利福尼亚山景城的谷歌校园一样，就能转变成为最具创造力的企业。你可以给你的总裁穿上运动鞋、蓝色牛仔裤、黑色高领毛衣，然后告诉他不要刮胡子，但这也并不会将他变成乔布斯。

组织架构对企业未来发展的制约

我们在面对工作的新世界时，需要对人们如何参与公司合作进行一个全面的反思（如图 6-1 所示）。我们可能要丢掉许多或者全部基于古老等级制度模式的工具，而这些工具一直在公司中使用。如此，我们需要审视所有模式中最经典的部分——组织架构图。

静态			流动
	职业	项目	
	合同	任务	
	信任	承诺	
	忠诚	相关	
	雇员	贡献者	
	组织架构图	网络节点	
	为谁工作	参与	
	工资	费用	
	福利	进步	
	工厂工人	董事成员	
	敬业	激情	
	命令和控制	总的流动	

图 6-1 对传统组织架构与网络时代的反思

组织架构图是邪恶的。这一说法对于所有新创公司来说是至理名言，但是我们在一家已成立的公司里同样能看到组织架构图最后的日子。在许多公司中，组织架构图依然是用来安排组织人员的机制，它将某人安置在公司的某个位置，并告知层级汇报工作的规则。然而，组织架构图仅仅表明了一个组织的垂直向部分，却完全忽略了公司中的网络。它将管理精英变成了贵族。

许多人被岗位职责描述所锁定，从他们进入公司的第一天起就被贴上了这种标签。哦，你是营销部的，你是信息技术部的，你是财务部的，而且这些标签就像文身一样不再消失。许多人没有改变自己身上的标签或逃离组织架构囚笼的自由。

但很多人力资源部门却坚持使用这个构图，我经常为人力资源部门的人感到难过。他们似乎完全没有准备好应对 N 世代的挑战，因为他们依然在使用来自工业革命时代的工具。许多人力资源部门的工具都是从命令—控制结构时代遗留下来的，看起来就像人力资源部门还不能够彻底改变自己，至少不是在使用当下适用的工具。在许多组织中，人力资源代表可怕的回应。看着千禧一代的浪潮冲向人力市场后会发生什么是件很有意思的事情。

幸运的是，有些项目和组织已经甩掉了他们的组织架构图。最漂亮的一个例子是巴西塞氏（Semco）公司，它曾是一家以传统的专制管理风格著称的企业。但在 1980 年，当总裁安东尼奥·塞姆勒（Antonio Semler）退休后，他的儿子里卡多·塞姆勒（Ricardo Semler）接管公司后，这一切被彻底改变了。在他上任的第一天，他宣布要裁减 60% 的高管。这家公司的企业文化和组织设计是基于三个核心原则：职员参与管理决策；全公司利润共享；以及开放的信息文化。而且这些都行之有效：在里卡多的领导下，塞氏公司的收益从 1982 年的 400 万美元涨到 2003 年的 21.2 亿美元。怪不得里卡多的创新商业管理原则在全世界得到了广泛传播。

但这个简单的方法不仅仅在组织中产生了奇迹，科学项目也因专制结构的消失而获得了繁荣发展。科学上最大也最具挑战性的项目之———ATLAS 实验，它是与欧洲核子研究中心（CERN）所研发的大型强子对撞器（Large Hadron Colider）同名的粒子物理实验探测器之一，是由来自 38 个国家的 175 所高校及研究机构的约 4 000 多名科学家、工程师及计算机学家共同合作的结果。可以这样说，如此大规模并广泛的合作需要新型的组织结构。这个组织是基于一个无等级制度的系统（没有僵化的组织架构图），并由发言人和技术合作者进行领导。这种扁平的结构确实被证明在将不同文化融合到一起并保证流畅的合作及交流时是非常有效的。而且，众所周知，最大的科学突破性创新就是结果。

重塑未来的职业

我不相信职业的概念会流行起来。职业是晋升的机制，是爬梯子的概念，也是将在网络时代变得愈加毫无意义的结构。越来越多的人专注于个体的项目，而非支配一切的路径。人们希望能尝试新的见解并试用新方法，他们希望能保持开放的选择并改变方向。传统的、按顺序排列的、挨个描述工作经历的简历即将被淘汰。今天，越来越多的人尝试多种并行的职场路径，有着多重的兴趣以及同时进行的项目。例如，维尔福软件公司（Valve Software）没有严格意义上的促销活动，只有新项目。

我不相信雇佣合同会一成不变。过去，我问人们："你为谁工作？"今天，我会这样问："你在做什么？"签署代表雇主和员工之间信任的合同正在被更具流动性的约定所代替。今天，人们参与、涉及或者"联结"于某家公司。他们不再为任何人工作。

独立董事会成员早已这样运行了。他们与公司有着重大利害关系，甚至会帮助其他成员控制公司，但这种关系并不是排他的。人们可以担任多家公司的董事，实际上，董事会成员中最好的往往是那些人脉很广的、在很多董事会任职的人。

在财富500强的企业董事中，人脉深远的人物比比皆是——他们早在网络被科技实现前就已充分认识到了它,他们在学校(通常是常青藤大学)中学到了网络,那些联席会、军官俱乐部以及乡村俱乐部的成员很早就意识到了网络在其个人、社会及财务事务中的价值。正如他们曾说过的:"事情无关乎你知道什么,而是你认识谁。"

在网络时代,人们不再为企业而工作。他们将会参加组织,而且通常是多个组织。他们将会尽心尽力,并不仅仅是参与,就像一家跨国公司的董事成员那样。他们不希望在条条框框或如组织架构图的企业内工作,而是更愿意融入到不同的团体中,分享各自的技术和能力。

今天静态的组织结构将在网络时代彻底被改变。这是一个全新的模式,职业也将注定被更加动态的思维所取代。今天,我们奖励他人努力工作的方法也将被完全翻转。

最根本的改变是关联性将取代忠诚度,传统的公司架构是完全基于忠诚度来建立的。

然而,流动的时代却是基于相关性的。如果你参加了一家公司的项目,那你必将与之有关联,否则你不能长久地做下去。同样地,一家公司必将同其相关联的人保持联系。忠诚度借鉴的是军队那种命令—控制机制,而这对于作战是有必要的。但在今天这个充满网络思维的 VUCA 世界里,我们必须将它上升到一个全新的网络化级别上。

这和城市形成了一个非常有意思的类比。今天,当我们考察一家公司时,有充足的统计数据证明:公司越大,它们越能感受到其员工生产力下降的幅度越大。随着公司的成长,官僚主义和等级制度削弱了个人的生产力。如果一家公司规模扩大了三倍,那它的生产效率将会下降 50%。

另一方面，城市则是完全不同的。城市越大，就越会有更多的创新、企业家、爵士乐俱乐部、芭蕾舞演员和小提琴表演家、艺术家以及潜在诺贝尔奖获得者。为什么呢？因为城市不是由排外的等级制度所控制的。当然，那里有市政府和火警部门以及警察管制。但城市同样具有网络，且网络随着城市的扩大只会变得更强。城市建立在充满活力的、自下而上的网络组织之上。

我们想依照固定规则（如组织架构图），就像发挥功能的机器一样建立公司。如今，我们必须抛弃这种想法。为在一个基于网络的社会中茁壮成长，企业本身就必须成为网络。

对于传统的领导者来说，尽管放弃职称和排名听起来很吓人，但这个是可以成功予以实施的。一些中型企业甚至巨型企业已经几乎没有形式上的等级制度了。他们将传统经理人员的职能（计划、协调、控制、人力资源及指挥）分散到了组织的所有成员当中，而不是将其限制在少数几个人手中。

市值为70亿美元的西红柿处理公司——晨星公司（Morning Star），就是其中最典型的例子，这家公司没有任何的管理人员。老板通过"职位的自我管理化，发起与同事、顾客、供应商及其他行业参与者的交流和合作的活动，而没有来自其他人的命令。"简单来说，就是如果你需要某些材料，你买；如果你需要额外的人才，你招聘他们，但责任当然是在你身上。

多年来，通用电气公司已经在没有厂长或车间主任的情况下运行着旗下的一些航空制造部门。拥有1 500名员工的捷步公司及Twitter的联合创始人埃文·威廉姆（Evan Williams）的公司Medium就是以一种"合弄制"的方式在管理，那是一个"基于公司需要完成任务的管理架构，而不是一种标准的汇报模式"。那里没有什么微管理，也没有职称。皮克斯动画公司（Pixar）同样是在一种扁平的环境运转的，它从常规的层级管理中解放出来，为确保创造力和创新性而鼓励不同团队及部门之间进行紧密的合作。所有的成员被给予同等重要的对待，而管理人员并不参与组织的日常运转。

我喜欢维尔福游戏公司（大约有 400 名员工）在其新员工手册上描述自己扁平哲学的管理方式："当没有人告诉该做什么时，无畏的冒险家总是知道该做些什么。"在手册后记中，联合创始人加布·纽维尔（Gabe Newell）幽默地这样描述道："如果你理解了我们所说的，在这家公司里如果有谁不像你的老板，那加布最不像你的老板。"

我能想到这场变革对某些人而言是很恐怖的，尤其当他们在人力资源部门工作时。但我相信我们会看到更多的人按照同一思路进行思考，而且这些共同指向了网络思维。

领英公司（LinkedIn）是我非常钦佩的公司之一，它是专业人士的社交网络。它在 2003 年正式成立，仅仅 10 年后，其用户就遍及 200 多个国家，达到 20 亿人。领英公司不仅仅是最成功的社交网络之一，同时也收集了大量关于人们在网络中如何行事以及如何规划自己私人生活的信息。

像领英这样的公司所具有的对组织行为的认识是非常令人兴奋的。对于那些拥有熟练的技术人员的大公司而言，他们的信息是至关重要的，其员工中有 85% 会登录领英网站。而且在领英上，人们不仅仅会公布在某个组织中的职位，还会和其同龄人及同事联系、交换信息、寻找人才、找工作，当他们想跳槽时还会修饰自己的简历。我们对领英这样的网络应该有深刻的认识，即在对雇员的了解程度上，领英的能量远比公司人力资源部门要大得多。领英每一天都在完胜思爱普（SAP）、甲骨文（Oracle）及仁科软件（PeopleSoft）公司。公司的人力资源部门对公司的现状可能会有一个相对固定的看法。而像领英这样的网络化平台，其动态视角将能够展示哪里才是个体的内心向往。正如韦恩·格雷茨基（Wayne Gretzky）所说："我滑向冰球即将前往的地方，而不是现在所处的位置。"

领英的创建者是雷德·霍夫曼（Reid Hoffman），他对于贝宝（PayPal）的成立也提供了至关重要的帮助。他坚信人们已经不能再依赖于某家公司来照顾其职业生涯，每个人需要自己掌控这些事情。雷德经常引用诺贝尔和平奖获得者及微观金融的开拓者穆罕默德·尤努斯（Muhammad Yunus）的名言："每个人都是创业者。当我们还住在山洞里时，我们都是单干的，自己找食物，喂饱自己。这是人类历史开始的方式，但随着文明的进程，我们停止了这种方式，并成了'劳动力'。其实，我们忘记了自己也是创业者。"

作为创业者，我们必须对自己的职业负责。组织应该是精英管理的社会，而创业则让员工自己——而不是他们的职称或在晋升阶梯上的位置——来证明自己的才能。正如市值数十亿美元的戈尔公司（W. L. Gore Company），它有近1万名员工，其总裁凯利（Kelly）曾说过，雇主获得的领导地位是基于其"获得同事的尊敬及吸引追随者"的能力。尽管这保留了阶级制度的某些成分（但不是这个词的传统含义），戈尔公司作为一家规模如此大的公司，仍在营造一种非常扁平化的工作环境。

领英的创建者霍夫曼曾说过，如果我们想保持极大的关联性，那么创业本能的再现是非常必要的。他说我们必须时刻准备好适应不停变化的工作环境，而且在大多数职业生涯中应该更看重学习（软件），而不是薪酬（硬件）。霍夫曼认为，个人的力量会随着网络力量而呈指数级增长。霍夫曼应该懂得，他管理着地球上最大的职业网络！

网络时代下的组织将何去何从

当然网络是重要的,我们也必须不断去适应它。同样,我们也必须充分利用自己的技能来保持自身的关联性。但问题依然存在:在网络时代,我们的组织会变成什么样子呢?

当我谈到这个概念时,我得到的反馈是,如果我们都成为网络的节点,并且在公司内部抛弃命令和控制的等级制度,那我们将落入完全混沌的状态。

这种反馈是基于我们将混沌看作等级制度的对立面的视角。才华横溢的美籍黎巴嫩作家纳西姆·尼古拉斯·塔勒布(Nassim Nicholas Taleb)说过:"我们实际上并不需要和混沌进行斗争。"他的问题非常简单:脆弱的反面是什么?2008年世界经济几近崩溃后,我们社会曾赖以运行的许多概念和体系在现实中显得非常脆弱,这就意味着黑天鹅事件[①]带来的震荡和压力对它极易造成伤害。银行业被证明很脆弱,欧元被证明很脆弱,股市也同样表现出了众所周知的脆弱。

塔勒布观察到,当我们试图将这些事物变得不那么脆弱时,我们经常使其变得如此死板、静态并庞大以至于它们不再发挥作用。我们可以让银行完全规避风险,不过它的价值会降低,也不能完全发挥其作用。所以塔勒布从"反脆弱"的概念着手——"从动荡中获益,且在面对波动、随机、无序及压力时获得成长并繁荣,喜爱冒险、风险和不确定的事物。"

他的基本结论就是,在我们的字典中,没有一个确切的词能表达它。脆弱的反义词,我们立即就能联想到坚硬,但是,如他所说:"既然没有哪个词

---

① 塔勒布将那些罕见并无法预见的、具有极大影响的事情称之为"黑天鹅事件"。

是脆弱的精确反义词，那就让我们叫它反脆弱好了。反脆弱不仅仅是弹性和稳健性，弹性抵御震荡并保持不变，反脆弱可以做得更好。"

塔勒布在他的书中研究了很多事物，包括自然界中的许多实例。自然有建造反脆弱事物的偏向，演化则借用无序而变得更强大。

我喜欢奈飞公司对反脆弱一词的实践性应用。它使用 Chaos Monkey 算法从容不迫且"出乎意料"地破坏着自己的系统，这将随机终止进程。它通过随机地使生产失效，来确保自身能够在常见的错误中存活下来，而不会影响到顾客。所以，通过不断地将自己置身于险境中，使其流程变得更加强大。而且错误发生的频率越高，这个组织学到的东西就越多。这实际上是一种聪明的、自我伤害的速败方法。谷歌 X 做了一些和"快速评估小组"（Rapid Evaluation Team）类似的事情，它实际上在做"从人力和技术上让新创意土崩瓦解"的所有事情。

我相信，我们可以将其直接应用在组织必须适应网络化思维的世界的方法上。我们必须以塔勒布展示的反脆弱概念来彻底改造组织。网络可以成为这些反等级制的组织的根基。

我们一定要在网络和等级之间，以及在混沌、命令及控制之间做出非此即彼的选择吗？也许我们需要做的就是完全认识到相对于选择，我们必须要进行融合。也许，在一个和谐一致的精神指导下，我们可以鱼和熊掌兼得。

组织的二象性：体系与网络并存

物理界中存在时间最长的争论之一就是光的本质。光是在空中传播的波，还是一段粒子构成了一束光？

第 6 章
当组织成为创新的网络

在 17 世纪，这场争论的爆发点是荷兰科学家克里斯蒂安·惠更斯（Christiaan Huygens）说光实质上是由波组成的，而艾萨克·牛顿决然地认为光实质上由粒子组成。如果在今天，牛顿和惠更斯会在网络上爆发一场史诗般的火热论战。

争论还在继续，到了 19 世纪末，波动阵营好像获胜了。借着托马斯·杨（Thomas Young）实验及詹姆斯·克拉克·麦克斯韦（James Clerk Maxwell）理论，所有的人们都在看好波动阵营。但就在所有人都认为粒子理论将要死亡并埋起来时，它在坟墓里爬了出来。

不是别人，正是阿尔伯特·爱因斯坦在 1905 年通过一种叫作光电效应的概念证明，光实质上是由粒子组成的。当爱因斯坦在 1921 年获得诺贝尔奖时，那并不是颁给其更难、更赋于数学天才的相对论理论，而是颁给这个简单的、但绝对是革命性的关于光子的假设——光是粒子即后来被熟知的光子。

那么谁赢了呢？结果是都赢了。最终，物理界可以精确地证明光同时以波和粒子的形态存在。这基本就终结了牛顿物理学时代，当时人们基本上可以使用牛顿定律解释宇宙中的所有事物。它开启了量子物理时代。当我们能在无穷小的范围上（如光的粒子和光子的世界中）进行观察时，物理的本质将变得完全不同。

那它将组织留在哪里了呢？

我相信，随着我们的组织进入网络时代并流动起来，我们必须抛弃"等级的对立面是混沌"这样的概念。我们必须采用塔勒布的思考方法并思考反等级制度会是什么样子。我们可能必须接受组织必须同时以结构和网络形态发挥作用的概念。等级的对立面不是混沌。反等级是一个我称其为流动组织的概念。

在某些情况下，组织必须发挥一个结构的作用，那时命令及控制机制将帮助它们专注于执行和效率，推动组织向前。但在另一些情况下，组织必须完全作为网络来发挥作用，那时网络的流动性将照亮路途。这些都将同时共存，并流动起来（如图6-2所示）。

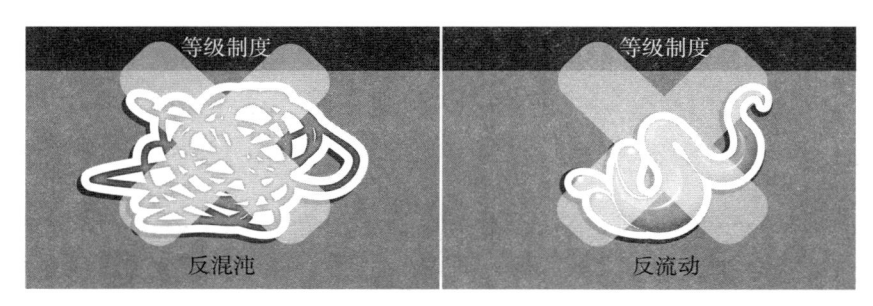

图 6-2　流动的组织

在流动性时代，我们必须采用这种体系——网络二象性。我们必须建立能够同时像体系和网络一样行动的组织。当我们需要效率时，我们要用组织的体系一面进行推动，而当我们需要创新时，我们将需要拿出组织的网络一面进行推动。

如果你问我为什么宝丽来（Polaroid）[①]没能活下来，我相信当埃德温·兰德博士（Dr. Eduin Land）[②]还管理着该公司时，他有能力保持这个方程的两边的平衡：体系和网络。确实，他通过等级制度保有组织，并用体系来管理宝

[①]　宝丽来相机的故事是令人振奋，同时也令人伤心。实际上这也是埃德温·赫伯特·兰德（Edwin Herbert Land）的故事，他是位天才也是位真正的企业家，他能够抓住顾客的心和思想，建立了神话般的产品并创造了整个全新的产业。但它同时是一个不可避免衰落的故事，兰德被自己的公司排挤出去，然后这家公司最终破产。

[②]　埃德温·兰德是20世纪50年代的史蒂夫·乔布斯。他是那个时代魅力非凡的、最热门科技新创企业的总裁，是一个产品设计细节的疯子（他会检查一架新相机的每一个小细节），他还是公司周年庆典舞台上的表演大师，同时也是在大学辍学。怪不得乔布斯会那么喜欢他。

丽来的全球生意。但同时，他培育了人才的网络、创造性技能和创新节点的联系，使得宝丽来公司成为其领域的领头羊。但当兰德博士退出后，新的管理层进来了，他们所看到的全是组织架构图。而方程的另一半——也许是在市场中能让你专注于创新最重要的一半却丢失了。因此，一个对自己的网络熟视无睹的组织是不可能活长久的。

"我经常沉浸在问题中去解决它。"卡夫卡（Kafka）曾经说道。今天，许多公司貌似在实施卡夫卡式的组织结构而完全忽略了其内部的网络。它们遭受到因组织结构图短视的痛苦。我认为明天的人力资源部门主管应该摆脱他们惧怕反应的心态，去培养内部的网络。

就像市场正在消失并被信息网络所替代一样，随着消费者成为网络的中心，组织也需要成为创新的网络。如果外部成为了网络，其内部也必须流动起来。

为什么会这样呢？这正是因为康威定律（Conway's Law）。

康威定律

梅尔文·康威（Melvin Conway）很早就沉迷于计算机，那时他们还在用穿孔卡片来存储计算机程序。在其漫长且多产的职业生涯中，他看到了许多信息技术项目的不幸失败。通过观察这些失败者，他偶然得出了一个奇异的结论。

他观察到，当两支技术专家团队必须一起工作时，他们的工作成果往往是团队社会结构的映射。他这样描述道："设计系统的组织，最终产生的设计

等同于组织沟通结构的复本。"

这个想法是基于这样的推论：为让两个分离的系统能正确地联结，设计者必须和每个功能模块实施者进行互动。因此，一个软件系统的接口结构将会反映出做出这个模块的组织的社会结构。而这可以被证明完全是错误的。

一个明显的例子是火星气候探测者号（Mars Climate Orbiter）的悲惨命运，那是由美国国家航空航天局在1998年发射的一个用于研究火星的气候和大气的太空探索机器人。火星探索并没有实现，因为发射一年后，当宇宙飞船靠近火星时，它在火星大气中瓦解并坠毁。原因是美国国家航空航天局和洛克希德公司（Lockheed）合作编写软件的团队没能意识到其中一个团队用公制单位（千克和米）开发软件，而另一个团队使用美标单位（磅和英寸）开发软件。天啊！这个任务花费了3.276亿美元，不管使用何种标准，最后都成了在火星大气中制造的一场美丽的焰火表演。

1967年，梅尔·康威将他的发现提交给《哈佛商业评论》但被其拒绝，原因是康威最终没能证明他的主题。最近，许多研究员发现了康威定律的类似证据，甚至都开始描述其反面："如果你想靠设计正确的系统来获得成功，你需要确保建造它的组织能兼容（产品）的结构。"

换句话说，一个组织的结构（团队如何一起工作）有助于决定其做出的产品的构造（产品在一起发挥功效的方式）。

我相信我们可以向网络世界解释这些。随着外部世界表现出更多网络化的行为，一个组织的内部也应该采用更多类似网络的联结。

或者，简单来说，如果市场成为网络，那企业也必将成为网络。尽管这样可能还是不够，因为这不是非黑即白的问题。

建立流动型组织

图 6-3 是一张由组织、结构和文化构成的、类似宗教三位一体图。

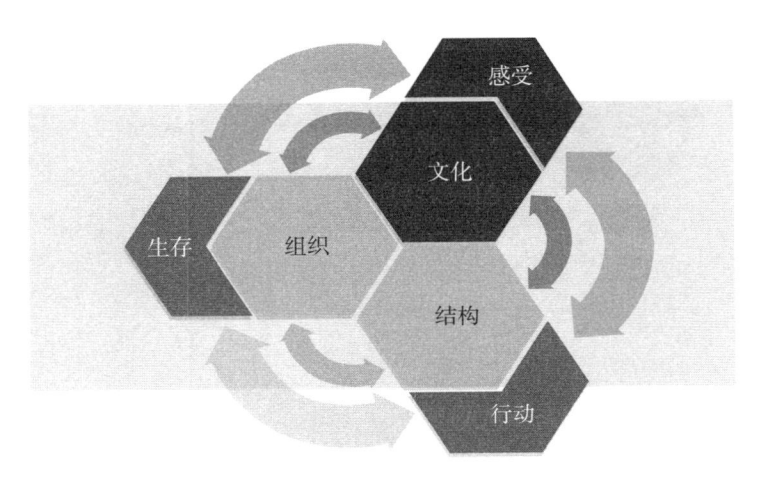

图 6-3　类似宗教三位一体图

没有什么比企业文化更难解释了。每个人能够感受到一种合作文化——就像当你走过门口的那一刻，但我们不能定义它，我们也很难改变它。尽管读过无数关于改变企业文化的管理自助书，但让数百万经理们苦恼的是，很少有人能够达到那个目标。

我相信企业文化不仅是经济世界中最强大的力量之一，而且还是成长最有力的引擎之一，想抓住它基本是不可能的。但它绝对与我们构建公司的方法捆绑在一起（如图 6-4 所示）。

当我们向网络时代过渡时，彻底改造我们企业以适应波粒二象流动性将成为我们生存所必须的。我们必须建立流动的组织，有着流动的结构和文化。

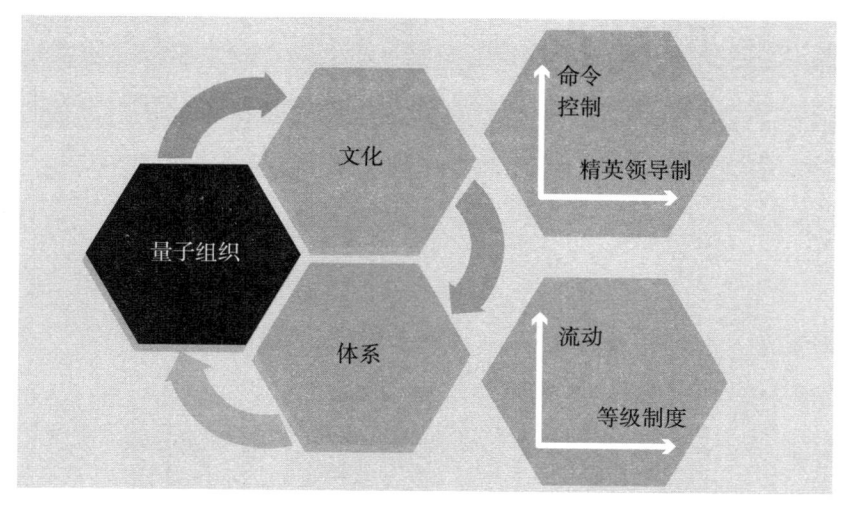

图 6-4　企业文化

制药行业是那些能够同时把流动和冻结变为必不可少要素的行业之一。它是最规范及官僚化部门之一，但它同时也是最具创新的部门并能坚持在网络合作及开放创新中赢得最多。

例如，强生公司以一种开放并透明的方式和由大学、研究院及生物技术初创企业的科学家及企业家进行合作。礼来公司（Eli Lilly）创造了一种附带产品——InnoCentive，一个基于云的创新管理平台。它开创性地提供一种众包创新解决方案并更快、更具费效比和更小风险地解决问题。2001 年，它领导（有时竞争）一些组织如阿斯利康（AstraZeneca）、博思艾伦咨询公司（Booz Allen Hamilton）、克利夫兰医学中心（Cleveland Clinic）、美国 NASA、自然出版集团（Nature Publishing Group）、宝洁公司、《科学美国人》、先正达公司（Syngenta）、《经济学人》、汤森路透、国防部，以及美国和欧洲的政府机关和意诺新公司合作来加速他们的发明。超过 1 650 项外部挑战获得了超过 30 万个解决方案共享，这些方案来自近 200 个国家。优质挑战的成功率都不低于 85%。

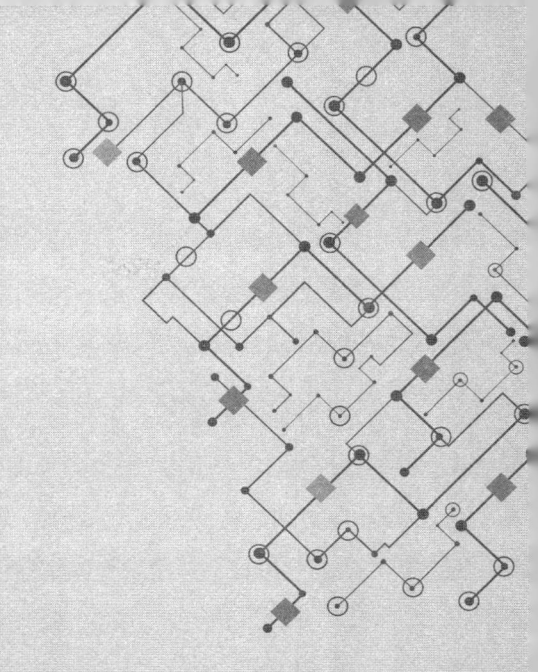

第 7 章

创造与毁灭

你可以很清楚地看到凤凰从灰烬中涅槃。网景公司创造了一个互联网公司的全部产业。没有网景公司的影响,就不会有谷歌,不会有 Twitter,更不会有 Facebook。

> 变革需要持续不断地去毁灭。与其建造一个坚不可摧的机械来永久运行，倒不如建立促进创新的组织，即使这个组织最终会死去。

打破基业长青的光环

吉姆·柯林斯（Jim Collins）和吉里·波勒斯（Jerry Porras）试图理解什么才能让一家公司具有远见，什么样的特性才能保证其基业长青。经过6年的研究，他们出版了一本关于这方面的书，该书瞬间就成为管理书类的畅销书。吉姆·柯林斯成了演讲圈的名人，并大赚了一笔。但书中所描述的18家公司中的大多数过得并不好。事实上，它们中的许多公司在这几年都遇到了障碍，事后想想《基业长青》（Built to Last）看起来真的很是尴尬。

许多人都在指责这本书以及类似辨别公司成功特性的书，其中对《基业长青》抨击较猛烈的是菲尔·罗森威格（Phil Rosenzweig），他揭穿了书中的许多神话。在他看来，那些专家所描述的仅仅是成功企业的强劲财务业绩，并将这种了不起的光环扩展到公司的其他领域，如公司的策略多么的清晰、价值观多么的鲜明，或者领导层多么的英明。但是，还如罗森威格所阐述的，这些专家常常是大错特错的。

光环效应在心理学中是普遍的现象。这是一种认知偏见，对某个人性格的判断受到此人其他特性的影响。以吸引力为例，我们发现吸引力能产生很强的光环效应：当我们感觉某人很有吸引力时，我们通常会倾向于认为这个人是个好人、聪明、可信任或友善的。

同样的效应也适用于企业：当一家公司的股票在股市中有很好的表现时，或有大额盈收或收益高速增长时，人们就会认为该企业一定有着世界上最好的管理团队、最好的领导层，以及最好的价值观。但通常情况下并非如此。

非常幸运的是，我作为技术员或者顾问曾在不同行业的许多公司工作过。当我还年轻时，我曾认为，公司越大就该越高效、越富有经验。

在生意场上打拼 25 年左右，并从内部观察过上百家公司后，我可以打包票地说，部分巨头公司对于其将何去何从毫无头绪，并受累于内部政治和董事会的懒惰文化，以至于对自己官僚主义的改革丧失了信心。当外部世界的人在商业性杂志或其他媒体中看到这类公司的报道时，他们通常是满怀崇敬的。当这些公司陷入困境或破产时，如命中注定的一样，每个人又都声称早就怀疑这些公司内部有肮脏的交易、太多的内部政治以及制定了杂乱无章的策略。

这就是为什么像《基业长青》这类图书很难长销的原因。

吉姆和吉里在书里所挑选的一些企业在今天看来是彻头彻尾的错误。摩托罗拉公司早在 2012 年就被谷歌收购。即使像惠普公司、索尼公司及波音公司也在最近两年里随着 CEO 丑闻、掌门人更迭以及市场信心不足而苦撑着。

但是，也许我们一直在问错误的问题。也许在创业游戏中始终保持榜首是不可能的。也许它们永远不可能成为长青公司。也许我们应该花更多时间去寻找公司败落的原因，并搞懂为什么会发生这样的结果，而不是找那些成功公司的神奇特点。

今天，更恰当的问题也许是哪家公司注定要失败？但我怀疑，这类书是否能卖得出去。

硅谷的基石之一：熊彼特的创造性破坏

很多考察、研究过硅谷精彩的生态系统的人，会试图在本地复制它的模式，但是依然无法成功，硅谷就是硅谷，全世界独一份。你可能会发现，死亡成就了这个最健康的经济生态。硅谷就是基于两条原则建立起来，每一条都跟死亡有关：

1. 约瑟夫·熊彼特（Joseph Schumpeter）关于创造性破坏的观点；
2. 凤凰涅槃于灰烬的概念，借指周期性再生。

接下来，让我们一起探讨一下。

约瑟夫·熊彼特是一位非常勤劳也很有雄心壮志的男人。假设他也在领英上开一个账号，估计你要下翻很多页面才能看完。熊彼特 1883 年出生于奥匈帝国，并在维也纳学习法律。获得博士学位后，他成为一名经济学家，并成为了乌克兰库切诺维奇大学（University of Czernowitz）经济与政府事务专业的教授。1919年，他搬到奥地利的格拉兹大学（University of Graz）后，成为了奥地利的财政部长。1920年，他担任一家私人银行——奥地利的彼得曼银行（Biedermann Bank）的董事长。这家银行在1924年破产，同时熊彼特也破产了。这在他的领英文档里面可不好看。

但熊彼特并没有放弃。他在德国波恩时成为了一名经济学家，并在1927年搬到了哈佛，最终在1932年举家迁到美国，并成为了美国公民。在他履历中令人印象深刻的是，他的学生并不认为他是一名好老师，并且他许多学术上的同事也不喜欢他，因为他们中的大多数人并没有真正理解他的观点。熊彼特对于经济周期及经济发展的观点并没有被他那个时代的数学所表示出来；整个非线性动态数学的概念当时还没有发展起来。

尽管大多数人不认同他，但是熊彼特依然极其自负。他曾因在早期给自己立下过三个目标而受到大家的关注。这三个目标是：成为世界上最伟大的经济学家；成为奥地利最优秀的骑手；成为维也纳最伟大的情人。在他生命的终点，他说自己达到了其中的两个目标（没有指明是哪两个，尽管他曾说奥地利有太多的优秀骑手让他渴望去超越）。

今天，熊彼特和创造性破坏联系在了一起，这是他引用于卡尔·马克思的术语，卡尔·马克思也是另一位有着出色领英文档的经济学家。熊彼特在资本主义世界中传播这样的观点，企业形式的创新是保持经济增长的破坏性力量，正是它破坏了已有企业所建立的价值体系。

换句话说，世界上许多初创企业及其创业者的任务就是攻击已有的企业。尽管这会推翻市场中的传统玩家，但最终结果却是使经济得到重生与发展。

这种经济观点中有许多地方受到了东方神秘主义的影响，尤其是印度教神灵湿婆神（Hindu god Shiva），湿婆神被认为是破坏者和创造者集于一身的神。

硅谷应该会让约瑟夫·熊彼特激动得热泪盈眶，因为在旧金山的南部，他的理论得到了前所未有的蓬勃发展。在硅谷和旧金山，那里每时每刻都有无数的创业者的目标就是颠覆上一代。在 Facebook 内部，许多绝顶聪明的员工想辞职创办另一个 Facebook。同样在谷歌内部，许多发明家等待着自己能有穿过马路创建一家新公司的机会，将谷歌逼入绝境。他们都应该在上臂文上熊彼特的头像。

硅谷的基石之二：凤凰在灰烬中涅槃

然而，硅谷的另一个推动力也是同等重要的。在失败者前赴后继的灰烬中，新事物得以茁壮成长。当然，凤凰是神话中的鸟，它周期性地再生或重生。这个观点是硅谷的核心所在。在硅谷历史上的公司中，我最喜欢的就是它最大的败笔——网景公司。

对于不熟悉网景公司的读者，或者因太年轻都没听过那部分历史的读者来说，1995 年网景公司是让世界互联网真正呈现在屏幕上的公司。它为全世界引入了浏览器这个概念，并成为这个星球上最热门的公司之一，而且在纳斯达克有过史上极其惊人的公开上市，之后就完全落败了。但在它的灰烬中，一代全新的公司、创业者和风投资本得以成长并成为比网景更有力的公司。《星球大战》的绝地武士欧比旺·肯诺比（Obi-Wan Kenobi）有过这样一句不朽的名言："如果你把我打翻在地，我将会变得更强大，强大到完全超乎你的想象。"

网景公司幕后的天才是一名年轻的软件工程师，他就是马克·安德森

（Marc Andreessen）[1]，他曾在伊利诺伊大学的国家超级计算应用中心（National Center for Supercomputing Applications）工作过。在那里，他接触到了由在日内瓦欧洲核子研究中心（CERN）工作的蒂姆·伯纳斯-李（Tim Berners-Lee）和罗伯特·卡里奥（Robert Cailliau）所发明的互联网。马克为第一个用户友好界面的网页浏览器进行编程，该浏览器命名为 Mosaic。1993 年，Mosaic 浏览器风靡全球，因为这正是人们浏览网页所需要的——一个用户友好型的浏览器。

毕业后，安德森搬到加利福尼亚，然后结识了吉姆·克拉克（Jim Clark），当时吉姆已经创建了硅图公司（Silicon Graphics），这是一家建立了非常酷的图形工作站的公司。之后，克拉克脱离了硅图公司的日常管理并离开了这家公司。那时他已经是一位非常有钱、能量很大并和硅谷有着紧密联系的人物了。

两个人一拍即合，安德森和克拉克一起创建了网景公司，公司坐落于加州山景城，就在硅谷的核心地带。网景公司基于马克在伊利诺伊大学建立的 Mosaic 浏览器开发了一个商业版本，它一经发布就立即风靡世界。安德森当时刚刚 23 岁。

吉姆·克拉克察觉到可以利用 Mosaic 浏览器的巨大成功获利，于是在他的推动下，网景公司于 1995 年在纳斯达克进行公开上市。这是硅谷历史上最难忘的时刻之一：股票一开始定在每股 14 美元，但在上市前最后一分钟决定

---

[1] 马克·安德森生于 1971 年，是一名美国企业家、投资者、软件工程师及亿万富翁。他闻名于世的是作为 Mosaic 浏览器的共同开发者，Mosaic 浏览器是第一款广泛应用的网页浏览器；作为网景公司的联合创始人、硅谷风险投资公司安德森·霍洛维茨（Andreessen Horowitz）公司的联合创始人和一般合伙人，他创建了奥普斯维尔软件公司（Opsware），后来卖给了惠普公司。安德森还是 Ning 的联合创始人，Ning 是一家提供社交网络网站平台的公司。作为一名发明家和创造者，马克·安德森是少数几个被数十亿人使用的软件（网页浏览器）的开发先驱之一，并建立了几家数十亿美元的公司。他最近成为 Facebook、易贝及惠普等企业的董事之一。安德森还是硅谷会议的演讲嘉宾，他是 1994 年第一届互联网国际会议上宣布的万维网名人堂（World Wide Web Hall of Fame）中六名入围者之一。

将这个价格翻倍到每股 28 美元。后来股票的价格在第一个交易日就达到了每股 75 美元，瞬间使安德森成为亿万富翁并登上了《时代周刊》的封面。

许多人认为网景公司的管理者是世界上最有天赋的一群人，制定了所能想象得到的最清晰的战略。没有什么比这个更不符合事实了。这家公司犹如野火般疯长，达到 2 500 名雇员，收购了许多小型初创公司以及有意思的科技项目，但其核心问题"我们怎样才能赚钱"依然没有答案。网景公司通过为世界提供免费的网络浏览器已经拥有了大量的忠实用户，但接下来该怎么走？

网景公司具备所有可能的潜质去破坏世界上最聪明的软件公司——微软。微软公司建立的策略则全部基于在个人电脑上运行的软件，然后忽然间有一家像网景一样的公司说："嗯，你不需要那个——你可以在网络上完成一切。"而微软公司却过了好长时间才意识到来自网络的威胁，但当它醒来后，它便全力以赴。由此引起的战争被称为"浏览器之争"，微软（免费）的网络浏览器对战网景（几乎免费），网景公司无力应对，局势变得更加恶化，加上粗劣版本的发布，逐渐在这场战斗中落败，最终输掉了战争。

网景公司破产了，最终以股票互换协议卖给了美国在线公司（America Online），然后为它所有的活动画上了句号。对于一家有能力问鼎世界的公司来说，这无疑是个悲惨的结局。

但是，如果你问硅谷的人，他们最敬佩哪家公司，他们大多会说："网景，因为它的诞生，改变了世界，然后在 48 个月后就死亡了。"

而且当你观察网景公司的震后余波时，就会很明显地看到凤凰在灰烬中涅槃。网景公司创建了互联网公司的整个产业。如果没有网景公司的影响，这个世界就不会有谷歌、Twitter，也不会有 Facebook。复活不仅仅是概念上的：网景公司的破产为其2 500名雇员创造了将其从公开募股中获得的财富注入到自己的创业梦中的机会。

此外，不要忘记了开创这家公司的男孩。网景公司破产后，安德森成为了谷歌公司最有影响力的风投资本家之一。他的新公司——位于门罗公园的安德森·霍洛维茨基金（Andreessen Horowitz），推动了众多下一代的互联网公司。

企业的进化历程

当我还是个孩子时，我时常着迷于星星。后来了解到了我们的太阳，即天空中神圣的黄金碟盘，实际上和夜晚看到的星星是一样的。

星空最吸引人的部分是，天空中有众多不同类型的星斗，每一颗都以不同方式在演化。在迷人的星空世界里，有红矮星、白矮星、红巨星、超新星和黑洞。听起来像托尔金兄弟乐队（Tokien band of borthers）。

而且，随着我思考的深入，我发现公司的进化与星球的演化有着很大的类比性。就像没有星星能一直存在，也没有公司能够真正做到基业长青。

而且，作为星星，它们死亡的方式有多种多样。

我并不想将本书写成《达人迷恒星演化书》（Stellar Evolution for Dummies），但请耐心点。

大多数人通常认为，恒星是诞生于原子气体云中，那是宇宙中密度比较大的区域，大部分由氢或少部分的氦以及一点重元素组成。这个可以通过附近的超新星爆发（巨大恒星塌缩造成的巨大爆炸）或者星系间的碰撞引发。

第 7 章
创造与毁灭

也就是说，一颗星球的死亡能够触发新星球的诞生。这些就是熊彼特的观点。

随着原子气体云中分子的聚集，一些密集的星尘和气体会形成星坯。随着星坯的塌缩密度上升，引力能转变为热能，然后温度上升，恒星就产生了。

宇宙有小恒星、中恒星和大恒星，每种类型有着完全不同的生命历程。

让我们从小恒星开始。小恒星一般是指其重量在太阳的 10% 以下的恒星。它们随着时间成长，燃烧氢产生氦，温度变得更高，压力也更大。在其生命的终点，它们收缩成为我们熟知的红矮星。这就是小恒星的余生了。

但那些和我们的太阳差不多的恒星则有着完全不同的生命历程。我们的太阳随着时间流逝会变得越来越大，最终成长为一颗红巨星，比现在的太阳要大 250 倍，并吞没了现有太阳系的大部分。这个过程距离现在还有 20 亿年左右的时间。但最终，巨大的红巨星会收缩，成为以白矮星为中心的行星状星云。

最壮观的生命历程当属大恒星。这些恒星有太阳的 10 倍那么大，并很快成长为我们所熟知的超巨星。这些庞大的熔炉会很快变得巨大无比，但结局却也很是悲惨：它们收缩（它们都会收缩）的结果就是超新星，并会伴有一次剧烈的爆炸。

然后当这些超新星死亡后，结果就会变成很小的、向外散发辐射的中子星或者一个巨大的黑洞——时空中将所有能量甚至光吞噬进其又黑又深的无底洞的一个裂口中。这些就是史蒂芬·霍金在夜晚所梦到的东西。

那么，讲了这么多，跟商业有什么关联呢？这些传递给了我们一种企业进化的方式。实际上，这种进化可以通过星体演化图直接映射出来。

原子气体云就是创业生态系统，是初创公司的诞生之地。这种人才聚集的星云，不是氢，而是初创公司创立的燃料。当某颗星发生爆炸时——某个行业的崩溃，或者一个强大标志（如网景公司）的败落，这正是那些天才聚集在一起以达到临界重量，从而产生新的企业明星的机会。

那里有不同类型的初创公司。与小恒星相对应的是伟大的公司，这类公司有着优秀的员工和天才的设想，但它们仅仅是因为不够大而无法撼动整个星系。当然，这些公司会成长，然后它们会做一些有用的事情，但它们不会引起世界的关注。它们中的许多公司就这样消失，成为无关紧要的一部分或者被收购掉。它们就是这个世界中的租车社区（GetGrounds）——一个个人对个人的汽车租赁市场，在《福布斯》杂志上曾刊登题为《2012年十大产业破坏者的初创公司》（10 *Greatest Industry-Disrupting Startups of* 2012）的文章预言它能改变这个传统的行业。尽管如今每个人都在谈论优步（Uber），当它在这个行业进行破坏时，租车社区的成功看起来仿佛是遥远的记忆。

然后就是那些太阳级规模的公司。它们很快获得风险投资并获得引人注目的成长，然后成为自己行业的领导者和市场的霸主。但随着公司的发展，它消耗了越来越多的能量，并有可能因受自己结构的重量所累而内爆——变得步履缓慢、臃肿而不能做出反应，过于死板而不能跟上潮流。我们再来看看宝丽来公司的历史：尽管它瞬间掌管了自己的市场，但最终却歇业并破产。你可以说它成了一个白矮星——宝丽来公司的名称依然存在，而且你仍然可以为老式的宝丽来相机买胶片。但它仍然只是颗白矮星。

最后就是大恒星——那些获得了最大的光环效应的公司。在咖啡店里讨论的或者在杂志上看到的那些公司。这些巨头公司成长的速度快得让人炫目。例如，网景公司数月内从2个人成长为2 500名员工的公司，它的首次公开募股震惊了纳斯达克，但它以令人惊恐的速度消耗着自身的燃料，很快就变得如此之大，以至于在其爆发时，释放了一个超新星。

网景公司的超新星并没有创造出一个黑洞，而是爆发成为了一颗中子星。它的辐射依然是下一代企业家希望和灵感的灯塔。人们无法抹去对网景公司的记忆。

超新星的爆发还是有可能成为黑洞的。安然公司可能是不远的历史中最直观的例子。被《财富》杂志连续 6 年评为美国最具创新精神公司，安然公司白手起家成长为在 2001 年拥有超过 20 000 名员工的巨无霸。它的总收益在 2000 年达到了 1 010 亿美元。然后它开始了超新星爆发。结果这个星体是靠着制度化、系统化以及创造性策划的财务欺诈成长起来的，安然最终塌缩了，留下了一个很深的黑洞，让无数的人失去了所有的未来。

我不相信企业能够基业长青。我认为我们应该研究恒星并了解是什么让它们能够存在、成长、进化、塌缩，然后一遍一遍地彻底改造自己。

我相信在创造性大的破坏中，凤凰会在灰烬中涅槃。我信奉那个集破坏和创造于一身的神灵——湿婆神。

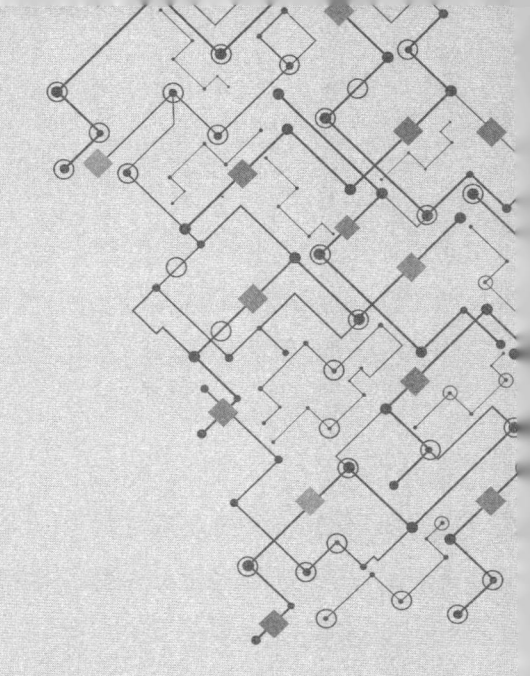

第 8 章

网络时代的战略

企业终将与其内部的创新网络建立联系，并了解如何让其变得流动起来，以避免成为结构死板的公司。

> 熵：宇宙的终点可能就是热寂，那里黑暗成为主角，运动最终从根本上被吞噬。
>
> 摘自托马斯·品钦（Thomas Pynchon）关于"熵"的小故事

引用此文是具有深意的。

托马斯·品钦也许是美国文学史上最具影响力的作家之一，他将自己暗黑的思想融入作品中，是最伟大的作家之一，然而迄今为止，仍没有人见过他，可以说几乎没有人见过他。隐居并对自己的粉丝选择逃避以及享受无名小卒的舒适，这种现象对于一个伟大的作家是不寻常的。杰罗姆·大卫·塞林格（J. D. Salinger）是20世纪最伟大的科幻作家之一，他也是位隐士。但和品钦比起来，塞林格就好比埃尔顿·约翰（Elton John）。

品钦最著名的小说是其第三部作品——在1973年出版的《万有引力的彩虹》（Gravity's Rainbow）。其艺术价值经常被拿来和詹姆斯·乔伊斯（James Joyce）的《尤利西斯》（Ulysses）进行对比。品钦有着将文化、历史、科学、技术和人类荒谬行为以及组织的疯狂荒诞进行完美结合的天赋。由此你会理解他为什么能成为我最喜爱的作家。

但他厌恶公开曝光。《万有引力的彩虹》出版并获得成功后，品钦于1974年在纽约美国国家图书奖（National Book Awards）颁奖仪式上被授予最高奖。一大群人因好奇这个当时隐居的作家而前来参加这个仪式，但他们并不知道品钦已经委派了一名喜剧演员代表他去领这个奖项。没有人见过作家真身，大部分观众都假定上台的就是品钦。随后，报纸上有文章指出那个品钦实际上是杰罗姆·大卫·塞林格的一个笔名。品钦对这种猜测的回应很简单："不错，继续努力。"[1]

品钦最重要的文学观点，几乎贯穿于他所有的作品当中，就是它们的中心主题熵——由无情的热动力学定律所预言的、宇宙最终的"热寂"。最终，随着时间的流逝，系统会受到不断增长的流行程度的影响，然后所有的事物变得逐渐灰暗，直到所有的运动及生命消逝。

缓慢死亡的乐趣

确切地说，这种现象同样发生在组织架构上。今天众多企业同样在与这种同质化进行斗争，缓慢地移动以及无力的创新让最终结果变得像是"没有了任何行动"。这和品钦所关注的在宇宙中的熵是相似的，我也曾沉迷于企业中的熵会是个什么样的概念。

---

[1] 也许是对他封闭生活的终极嘲讽，品钦在《辛普森一家》（The Simpsons）电视剧中扮演自己出镜了两次，但都用一张褐色纸盖住了头。

企业可能正如我们普通人一样，痴迷于长寿，即不断思考自己企业的寿命跨度，期待着自己所在行业能有无限保质期，并渴望建立起"基业长青"的企业，但从未有人做到过。企业的历史表明所有的组织就像我们普通人一样，有着一个不可避免的终点——死亡。

我们在这本书里已经解释过 VUCA 了，即波动性、不确定性、复杂性和模糊性的世界可能已经影响到所有的市场。在这个舞台上，想要生存下去的企业必将找到能让自己流动起来的策略。在 VUCA 的世界里，有两个相对于速度和灵活的要点：变得要快，并要灵活。

但这些就足够了吗？企业通过速度和灵活性就能够避免熵死亡了吗？怎样才能让企业获得这样的能力？怎样才能让公司成长并能够摆脱这种逐渐停滞的逆境？

组织熵死亡的根本原因是我们关注于组织架构而不是其内部动态性。我们可能会敬畏骨架——那些生长并变得死板的骨架。然而，我们真正应该着迷并珍惜的是信息的流动。

在我看来，让一个组织得以生存的核心因素就是对其内部网络的发现——每家企业内部的核心创新网络，培养这个网络以能够解冻企业僵硬状态的能力。许多公司和这些隐藏网络完全失联，它深深隐藏在组织中的某处，就像一位隐居的作者一样。

但这样的结局是可以改变的。例如，英国巴克莱银行（Barclays Bank）不管其分行的规模和成立年限，都能够通过一个内部创业程序发现这些内部创新网络，2012 年，在其个人对个人移动支付应用 Pingit 获得巨大成功后，该程序得到了推广应用。这个移动支付应用的发布只用了 7 个月，而这样的一个过程一般需要 3 年。巴克莱的这个程序现在还有 40 个商业创意正在培育中。

通用电气公司是一家超级巨头，拥有 1 500 亿美元（约合 910 亿英镑）的收益，其市值接近 2 650 亿美元。尽管如此，它对自身业务的各个部分有整合的创新。这家公司在全世界有上千名研究员和工程师都在寻找新的技术解决方案。然而它最精明的做法并不仅仅是依赖于自己内部的智慧，还包括对开源创新的实验。例如，为了能更快地响应自有市场的变化，通用公司邀请外部工程师参与设计竞赛。其中一个很好的例子就是，它的开放创新挑战瞄准了减少温室气体排放这个市场——寻找余热新的用途以及提高蒸汽发电的效率。

事实上，创新的核心就是发现并快速启动。当然，与那些能够超越公司限制并知晓方法的人合作同样重要。

然而，对于许多组织而言，时钟仍在滴答前行。网络时代的出现提高了市场变化的速率。同时，这些市场也被网络的规则重新定义，随着其生命之血即信息推动着市场的网络化，使市场采取了不同的行动。

这里所展现的核心动力就是很简单的规则：如果外部世界渐渐变得更像网络，如果想避免熵死亡，你将必须像外部的网络一样展开行动。

为什么有的企业是流动的，而有的则是僵化的

在这里，我相信我们可以创建一个组织热动力学的概念。为什么有些企业是流动的（灵活并能够更快地响应市场），而其他企业就像被冻结了一样，无法足够迅速地响应市场？

让我们更深入地研究这个问题。当我们谈到冻结的组织时，这是一个带有消极意味的信息的词汇，但这并不意味着这些组织不再行动。相反，许多

冻结了的公司仍然不可思议地在忙忙碌碌。它们和那些有才干的人一起忙得团团转，这些人精于执行程序、服务顾客、将产品投放到市场、努力让自己的运营更顺畅、更可信、更有生产力和更有效率。至少，这样做没有什么错——除非你想提高自己的待遇和职位。但是，如果你想赢得这场竞赛，就要通过创新领先于新趋势并获得新机遇，从而获得比外部时钟更快的速度，这样你才能不被冻住。

另一方面，流动的组织能够快速地变化，不仅仅是指它们所提供的产品或服务要快速改变，还包括它们本身的组织形式也要快速改变。它们能够灵活地改造自身组织，以便能更加容易地适应市场的潮流和消费者的变化。例如，Centrica 所属的英国天然气公司（British Gas）是英国最大的能源公司，拥有大约 1 000 万个家庭用户，它感受到了一种对自己所在行业的颠覆，即新用户更喜欢 Nest 公司的智能燃气表。相对于继续优化它的服务并关注自身的"管道和线路"，英国天然气公司更愿意以创建新公司的方式来引进自己的智能燃气表子公司——Hive。英国天然气公司不仅仅意识到市场随着时间发生了变化，而且还通过精益创业方式绕过了自身复杂及缓慢的公司结构。这样所带来的效果很快就能显现出来，Hive 公司的产品开发只用了几天或几周的时间，而不是几个月甚至几年。

这种流动型组织的极端表现将会是我称之为超流动的结果。它们的流动性如此之强、如此难以置信地灵活，以至于它们能够在一夜之间改头换面——一时兴起就能彻底改变发展方向。你通常可以在硅谷新创公司中看到这样的典范。那些新创公司几乎没有什么合作结构或官僚制度，其在实验激进的新主张或产品时，能够在关键时刻瞬间转变。

贝宝公司在其刚成立的时候就是这样的一家公司。它的创建者是麦克斯·拉夫琴（Max Levchin），他曾坦诚自己刚开始建立贝宝的预期是创建一个密码行业公司，后来才想到建立一种通过个人数字助理（PADs）进行转账的方式。经过几年的快速失败实验，它将自己成功转变为在线支付系统，现在拥有数百万的用户。相册分享平台——Flickr是由在线角色扮演游戏初创公司Ludicorp发展而来的。其创始人很幸运地认识到简化在线照片分享的潜力，他们的公司最终被雅虎公司收购。Twitter刚开始是一个博客系统；因特尔公司起初是销售计算机存储器的，而不是芯片；微软公司曾是想开发软件工具，这样的例子不胜枚举。

超流动性实际上也是一个科学名词。它是我们迄今所观察到的两种所谓的宏观量子现象（macroscopic quantum phenomena）之一——在我们的宏观世界中展现出奇妙的量子现象。而另一个现象是超导。当一种材料处在超导状态时，你就能让电流无阻碍地通过它，即零电阻。

这些似乎是超自然的，但它是神奇的量子力学在我们平常世界中的具体体现。当然，也许不是完全正常，如果你能将陶瓷材料的温度降到接近绝对零度，那就能得到超导（尽管科学家们努力寻找能在室温下表现出超导特质的材料，而这种材料将彻底改变我们对电和磁的使用，可能会将我们带入杰森一家的世界，在那里，电动汽车和引擎可以几乎不耗能地进行运转）。

流动性和初创企业

初创企业都是超流动性的，或者说它们应该都是超流动性的。不幸的是，这种超流动性经常在初创公司中会与另一个重要的推动力——风险投资产生矛盾。

对初创企业来说，一个适度乐观、充满雄心壮志和有才能的创新者以及能让创新者梦想成真的大量现金两者都不可或缺。创业风险投资行业和创业文化形成了一种共生关系。当两者相遇时，会发生一些神奇的事情，而硅谷恰恰就是人才和金钱结合的典范。

初创企业一旦拿到风险投资后，就会发生最奇怪的事情。在此之前，初创公司在刚开始时，通常是由朋友、家人和傻瓜来投资的，而且此时，公司会极其具有超流动性。然而，一旦风险投资向公司注入资本，它们就会要求成倍的回报。这就是风投赖以生存的方式。而且，这也意味着风投资本希望初创公司能集中精力——去实现风险投资时所制订的、绝妙的商业计划，而不是任由初创公司去折腾。换句话说，就是要减少流动性。这有可能会让企业的创始人极其苦恼。

我通过创建三家技术型公司也曾体会过这种极端的快感和幸运。从你启动一家技术初创企业的那一刻起，你就在寻找钱：发展需要钱，聘用有才干的员工需要钱，建立市场需要钱，扩张需要钱，创新需要钱。但当初创企业找到那些拥有巨资能投资它们的人时，在面对那些投资者的欲望时，一定会让其创始人想起所能想到的最糟糕的词。就我创建的最后一家公司而言，投资者和创始人之间的关系就极其糟糕，公司不得不靠股票交易市场来摆脱保守的风险投资家们。

大部分的初创公司会随着它们的成长和成熟，自然而然地变得越来越缺乏流动性。但是，即使是一家具备流动性的公司其表现也是惊人的。具有流动性的公司依然能够感受到市场的变化并做出反应。它们依然能够捕捉到技术突破和消费者潮流变化，从而创造出新产品或者新服务。具有流动性的公司能够比市场前进得更快，这意味着它们能够最大限度地制造让顾客惊喜连连的效果。它们可以通过全新的供应，给予消费者惊喜，或者在成长、收益或市场占有率上获得巨大进步，从而让资本市场刮目相看。

但是当企业进一步成长后，它们通常会慢慢地变得僵化。当它们专注于市场时，往往会占主导地位。此时，它们就会开始强调这个市场的最优化而不是对产品进行创新。我们会看到僵化了的公司在其领域越做越好，而不是进行创新。它们优化运营，实施精益战略，稳固组织结构，简化流程以及协同发展。而且，为了控制这一切，它们通常会建立非常复杂的结构——官僚机制、委员会以及监督委员会，并聘用许多咨询公司，制作出最精美的演示文档。

其中，我最喜欢的是美国嘉宝（Gerber）公司当年错失良机的案例。1974年，婴儿食品及其他产品专家看到嘉宝公司增长的停滞，所以嘉宝公司决定进行创新，并有了进军成人食品市场的打算。这听起来像是一个很好的主意，因为美国人被工作占据了更多的时间，而亲自下厨做饭的时间越来越少，为成人提供便捷并有益健康的食品的市场将会不断增长。

如果嘉宝公司没有那么关注业务效率的话，这个想法应该是不错的。遗憾的是，它们没有为此开发出一条全新的食品线，基本上就是将自己的婴幼儿产品直接卖给成年人，只是用不同的标签进行包装，并摆在不同的货架上而已。无需多言，这种做法不会有什么好的效果。可悲的是，一开始的想法是好的——预期会带来饮食习惯的真正变化——但这家公司太在意流程和利润了，反而将事情搞砸了。

真正的危机并不是自身的僵化，而是转变得太缓慢。相对于外部世界，如果公司更关心自身，就会跟自己的客户群脱离联系，然后成为完全自我陶醉的内向型企业，也就意识不到市场的动态及变化，最终就变得死板——一种公司无法避免的衰退状态。也许你能够将一家僵化的公司变得流动起来，但你无法让一家死板的公司有所作为。对于死板的公司，唯一的命运就是熵死亡，并且死得很快。

组织的热动力循环

热动力学的一个基本观点就是可逆性的概念。自然界中有些过程是可逆的，即它们能够撤销，或者逆转；自然界中有些过程是不可逆的，即它们不能撤销。将水变成冰是可逆的，因为你还可以将冰重新融化成水；将沙子变成玻璃是不可逆的，你无法将一块挡风玻璃变回沙滩。今天的热动力科学实际上是在近代才出现的，但它处理的却是人类出现以来就观察到的自然界的基本过程：冰变成水，水变成蒸汽，以及逆向的转换。当然，这些过程依赖于额外的因素，如温度和压力。水在100摄氏度沸腾，至少是处在海平面的海拔高度是可以的，世界上大部分的地方都是这一高度（美国的温度单位不同，水在212华氏度沸腾）。但是在珠穆朗玛峰山顶，水在80摄氏度就会沸腾。同样，热动力学定律也掌控着一些化学过程，在一定的温度和压力条件下，水可以固化成冰，液态水可以汽化成模糊的蒸汽。

热动力学很具体也很实用。它引发了无数的实用性发明，让我们的生活更加美好，这些发明就包括让我们身体变得凉爽的空调系统，以及利用氟利昂气体压缩和膨胀循环来保持食物新鲜的冰箱。

我相信是时候将热动力循环理论应用到商业组织世界中了。在我看来，组织从超流体向流体再到僵化（可逆）直到死板的基本转变可以通过一个简单的组织热动力图来理解（如图8-1所示）。

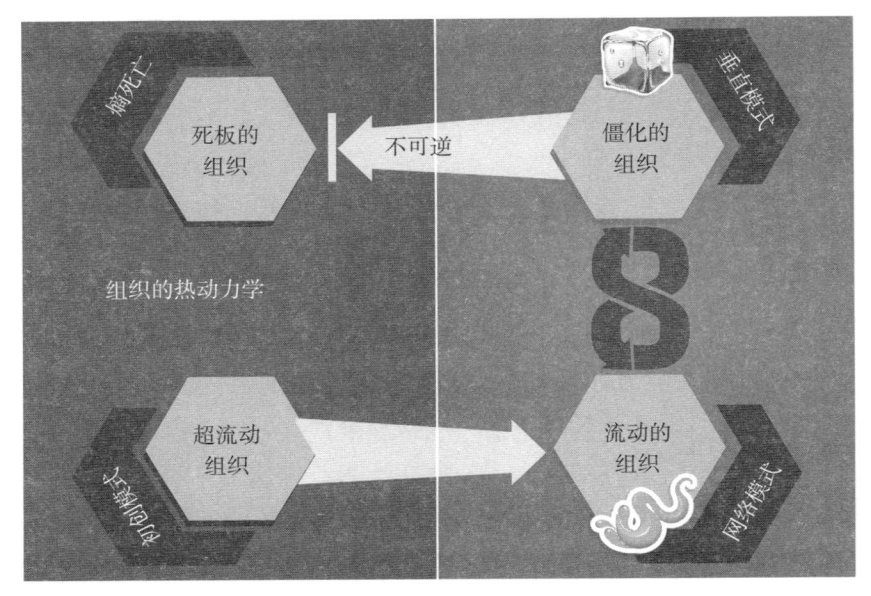

图 8-1　组织的热力学循环图

　　能够逃脱熵死亡的公司将会是那些在流体和冰冻状态循环的企业，就像通用电气、谷歌或礼来公司。僵化并不总是坏的。实际上，组织的某些部分——也许是绝大部分——可以锁定在组织非常了解的某种市场上。如果核心过程是最优化的，那这种僵化的机制也可以产生惊人的效益和财富。但如果组织缺乏必要的流动性创新，那它有可能会慢慢变成不可逆的死板状态。就像百视达（Blockbuster）公司，它没能像奈飞公司一样适当地对自己所在的市场做出反应；就像柯达公司，它没能意识到数字影像破坏性的力量。或者如博德斯集团（Borders），它在互联网对于出版商的含义理解上犯了一个悲剧性的错误。企业所面临的挑战是如何让组织的某些部分、基于技能的某些部分保持流动状态，为实验留下空间，为了解市场的敏捷性留下空间，以及为超越市场变化速度的创新留下空间。

　　但是一家公司如何维持僵化和流动这两个状态的共存呢？一家企业如何

才能足够灵活,以避开不可逆之死板的熵死亡陷阱?要想找到这些问题的答案,我们需要对我们的大脑做进一步的研究。

三位一体的大脑

今天,似乎每本书或每一个讲座都会拿一个关于大脑的伪科学解释放在其中。哦,它还应该包括至少一张大脑可视化图,并指明大脑皮层以及其他一些部分。

实际上,大脑的构造与流动及冻僵组织的讨论十分相关。

三位一体的大脑是由美国内科医师及神经学家保罗·麦克里恩(Paul D. MacLean)提出的一个模型(如图 8-2 所示)。在他的模型中,我们的大脑包括爬行大脑、边缘系统(即皮质脑),以及新皮质(又被称为哺乳动物脑)。

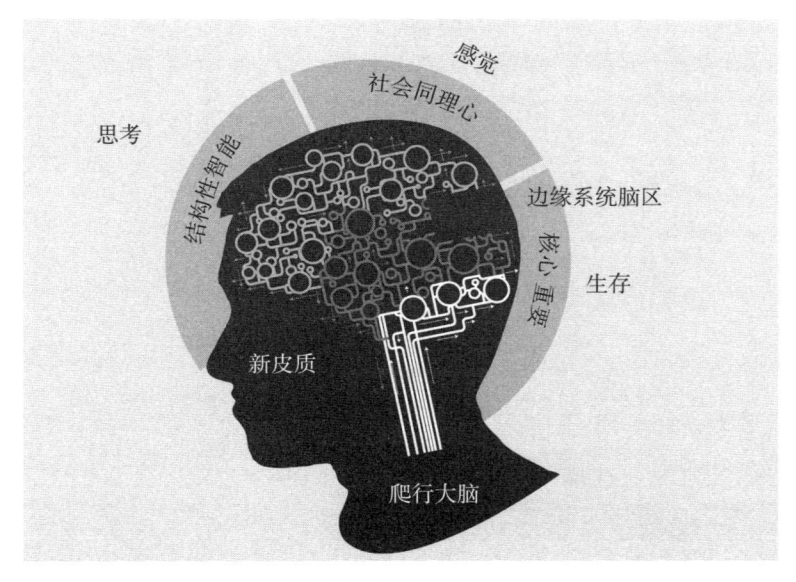

图 8-2 三位一体大脑

从本质上来说，爬行大脑让我们活着。它是我们生存的核心。

边缘系统让我们作为一个物种保持一致性。我们相互交流的方式、在组织中生存、同情感等都是边缘系统的一部分。它是大脑中的社交部分。

大脑中的第三部分——新皮质，是我们作为人类而值得自豪的部分。我们逻辑思维、结构化分析以及深度理解微软电子表格中的数据透视表是如何发挥作用的能力，都归功于新皮质。它是人类进化的顶峰，而进化也是很漫长的。

爬行大脑每秒处理数百万比特的信息，一直都在满负荷运转——所有的输入信息包括运动、温度、压力以及其他来自人体无数器官的感知信息。但是你却没有感受到。

相比之下，著名的新皮质简直慢到家了，这一部分只能处理一小部分的信息。一些研究院声称人类卓越的新皮层每秒只能处理不高于100比特的信息。而在同样的时间里，爬行大脑已经处理了上百万比特的信息。就这个原始的能力来看，爬行大脑将新皮质远远甩在身后。但爬行大脑却不能做数据透视表，所以新皮质得到了更广泛的曝光。

新皮质就是你的显意识大脑。这部分可以自我思考，其反映在你的意识上就是你会对想法、个性、行为及行动进行完全控制。

但是最近，许多研究人员开始探讨关于自由意志的问题。大量的研究已经涉及我们的显意识选择。正如我们在市场向网络进化时所看到的，神经营销学严重依赖于对潜意识的影响力。

我们还是面对现实吧：我们的显意识可能真的被高估了。如果我向你扔一个棒球，其速度飞快并且没有提前警告，在它砸中你的脸之前有可能你可以抓住它（或者至少躲开）。这个希望还是很大的。但你甚至没有时间仔细考虑，或者权重一下自己的选择。你做出的第一反应是由爬行大脑处理得到的，而不是你大脑中被常常拿来夸耀的部分。

但是，你的显意识是讨厌这一套的。它最鄙视的观点就是它对任何事没有绝对的控制力。所以，它编造了一个故事，说自己故意捉住的球，完全依赖逻辑和推理的力量，但这只是个谎言。近期的神经学研究表明，我们大脑中主管逻辑和结构的部分经常编造故事，来让自己确信是主宰者。但实际上，我们的许多动作和行为完全超出自己的自由意志，并完全由潜意识来控制。

三位一体大脑的理论在许多研究者中引起争议，他们声称这个也太简单了。但我喜欢这种简洁，我们的灰质层发挥作用有三个主要的因素——生存、社交和逻辑，并且这种理论在研究我们行为模式时非常有用。

企业的三位一体网络

正如我们的大脑灰质层是由三部分组成的一样，我认为我们的组织也是有以下三种不同的内部网络，它们共同组成了企业中的三位一体网络（如图8-3所示）。

1. 核心的创新网络；
2. 社交网络；
3. 结构化网络，或者等级制度。

核心创新网络是必不可少的人际网络，它能让你的组织实现创新。当公司很小时，这个生存核心网络是清晰可见的；当公司成长后，它就变得模糊起来，并不再那么明显了，但它依然是至关重要的。这是你能够实现创业最为核心的一群人。

这个人际网络是你能够走上街头、为自己的生意进行竞赛的核心，他们是为你的公司找到下一个创意并让你的业务能达到一个新水平的那群人——也是对手中最令你感到恐惧的一群人。但是多数公司无法辨别哪些才是它们的核心创新网络，这就像埋藏在等级制度地牢中的一个秘密社团。

一家公司同样也是一个社交网络——他们在一起工作，互相产生联系，并在一起度过很长时间。公司中充满了成为朋友的人（或者敌人）互相发展关系并联系紧密。这个社交网络在发展或者改变公司文化时非常重要，并对理解人们为什么愿意从属于或者参加这个组织尤为关键。消费者对产品的认识也是同样的方式，公司内部的这种文化网络是游走于公司情绪、情感的重要渠道。由此就不难理解那些吸引了世界上最具天赋人才的公司，像谷歌、SAS 软件公司、Salesforce.com 网站等，为维护其员工的幸福感、在紧密社团的存在感以及使员工团体更像一个"部落"方面投入了许多。

三位一体网络的最后部分也是最显而易见的部分——等级网络，这通常会用臭名昭著的组织架构图来描述。这个网络规定了谁干什么以及谁向谁汇报工作。这个等级制度网络在一家公司里扮演着极其重要的角色，尤其是在需要通过军事命令和控制结构来最大化行动效率的领域。很不幸的是，第三个网络往往是唯一一个获得了高层管理人员注意的网络。

为什么初创公司拥有魔力

正如我之前提到的，我很荣幸也很高兴能在早期参与到三家初创公司的创建中。

很少有活动能够比创建公司所冒的险更令人着迷。和一小群志同道合的狂热者在一起，你们就是为了打破规矩、破坏界限，为了改变世界。

这三家初创企业都非常令人兴奋也令人着迷。但每一次都冒着很大的风险，付出了巨大的努力，进行了无数的奋斗。没有一家公司是轻轻松松做起来的。

在这些初创企业以及其他初创企业中，我观察到的现象之一就是当你起步后，我们所讨论的三个网络实际上是同一个。事实上，它们无法区分，三位一体的网络完全融合在了一起。

你的核心创新网络就是你的创业公司，你相信它们可以改变世界，他们是那些甘愿冒着巨大的个人风险和对成为魔法世界中的一员感到兴奋与激动的家伙，而且他们同时还是你的社交网络。很多时候，你在创业时聘用的这些人是你的朋友，或者是你在宿舍遇到的朋友的朋友，也或者是和你相处融洽的人。而且，在创业时，你会将大部分的工作时间花在自己的项目上，你很有可能没有时间去理会其他朋友。

但这种初创企业也是结构化的网络，有着等级制度。那些认为初创企业中没有等级制度的人显然没有经历过创业。初创企业中的等级是强烈、清晰以及毫不含糊的。只不过这些等级没有记录下来，但人们都完全明白。初创企业中的每个人都知道谁能发号施令，谁能取得成就。每位开发人员都知道谁是最高等级，谁控制着这个结构，以及谁能决定要建造什么。所有的销售

人员都明白谁是老板，营销人员都知道谁能进行调度。

结构化网络和社交网络以及核心创新网络三者完美地编织在一起。然而，随着初创公司的成长和成熟，这三个网络趋向于分别发展。它们之间联系变得更少，有时候甚至完全分开。

每一家初创企业最具魔力的时刻，就是你对每个人提出第一份组织架构图的时候。这可能在你刚刚获得一大笔资金或风投资本的时候，并且风投资本家在董事会上想看到这些是如何组织起来的：这由谁负责？谁向谁汇报（如图8-3所示）。

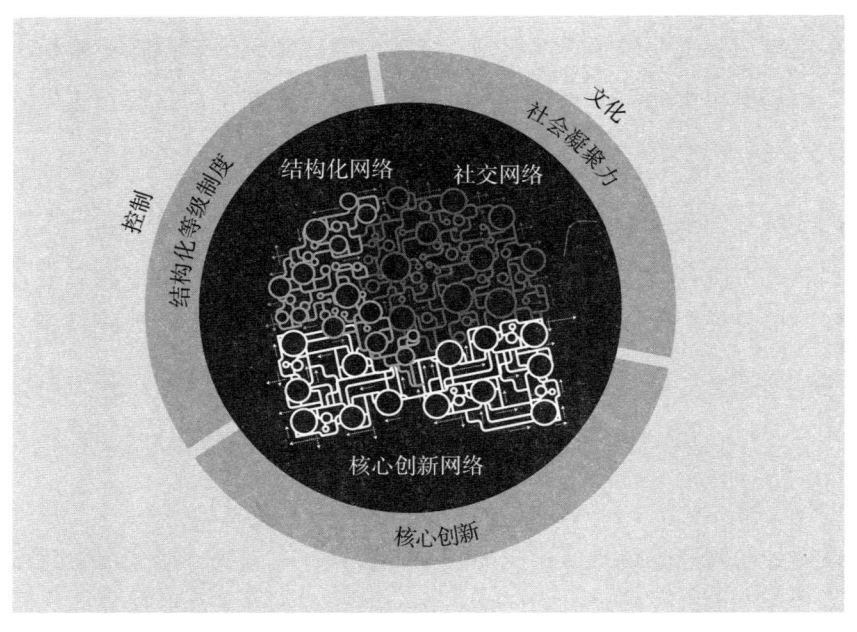

图8-3　企业的三位一体网络

当第一份组织架构图被贴到墙上后，这会是一个十分热闹的时刻。"真的吗？乔治是向首席技术官（CTO）汇报的构架师主管？"公司里的每个人都知道乔治一点都不懂得程序构架！真正熟悉程序构架来龙去脉的家伙是尤塞，他住在地下室。尤塞在开发服务器旁边铺了一张床，在机器的闪光中吃着比萨饼。尤塞开发了这个构架程序，激活了这个构架，他才是构架师。但你不能向投资者介绍尤塞。他甚至没有一套制服或者一双像样的鞋子。相反，乔治穿着意大利制作的衣服以及闪亮的鞋子——而且他能够设计出漂亮的演示文档，并说服董事会。

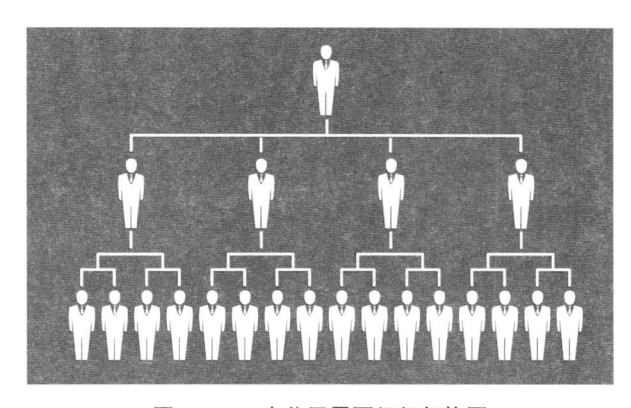

图 8-4　一家公司需要组织架构图

所以乔治成为了构架师的头。乔治很高兴，他出现在了组织架构图上。同样尤塞也很高兴，他能够睡在服务器旁并思考如何建立下一代的产品结构，同时也为不必抛头露面或向董事会报告而感到高兴，因为那样会让他害怕，而且他可能还必须要买一身正装，他讨厌这些。乔治很高兴，尤塞也很高兴。董事会成员很高兴。每个人都很高兴。

但随着初创企业的成长，它渐渐失去与创新网络的联系。乔治获得了提拔。随着组织架构图上出现了越来越多的工作职位，它们需要有人能够设计出漂亮的幻灯片，并使用富有意义的句子来描述灵活的设计策略和模块化的拓展部分，同时也需要穿着得体。于是乔治渐渐超越了其他人。最终，成为了公司的 CTO。

但不像公司刚起步的时候，那时每个人都知道尤塞才是产品设计背后真正的天才以及公司的核心创新者，但现在很少有人知道地下室那个胡子拉碴、穿着拖鞋和"尤达万岁"T 恤的怪人是干什么的。尤塞既从未进入结构网络，也很快离开了社交网络，但尤塞依然是公司创新网络中重要的一个节点。

如果我想新成立一家新公司来将那家旧公司挤出市场，尤塞就是我想聘用的人。

产业的颠覆者

初创企业在进入组织化时就像是类固醇的培养皿。将鸡尾酒纸巾背后的想法转换成超流动组织的过程有着十足的魔力。但是这个每天都在发生。在旧金山和硅谷地区有着超过 25 000 家初创企业，它们都瞄准着将上一代的科技神话公司拖下水。所有公司都想成为下一个谷歌、Facebook 或 Twitter。

马克·扎瓦克奇（Mark Zawacki）的公司总部坐落在加州帕洛阿尔托，位于创业园的中心。马克管理着一家名为 650 实验室（650 Labs）的公司，这个名字来源于硅谷的区号。他不仅是一位战略顾问，也是天使投资人，花了大量时间帮助传统公司理解创业型创新的魔力正是硅谷的标志，即帮助它们将这种魔力融入到自己的组织中。

据马克描述，过去两年最大的变化是，硅谷从世界高科技之都变成世界产业的颠覆之都。我们都知道硅谷诞生了许多科技巨头如惠普公司、英特尔公司、思科公司、太阳微系统公司（Sun Microsystems）以及甲骨文公司。这些公司都是在硅谷创业园诞生的，它们在那里壮大起来。而这些公司的本质则是科技公司。扎瓦克奇说，今天硅谷和旧金山遍布着应用科技的初创公司，它们聘用来自斯坦福大学和麻省理工的科技天才，而且它们努力颠覆其他产业。

Facebook 不是一家科技公司，但它曾在网络时代彻底改变了广告业的商业模式，帕洛阿尔托的大学街已经取代纽约的麦迪逊大道成为广告创新中心。奈飞公司不是一家科技公司，但它重新定义了传媒行业的基础，以及电视行业的模式。特斯拉公司不是一家科技公司，但它完全颠覆了旧有的汽车产业。我能够这样不断地说出那里的 25 000 家初创公司。

当你为组织寻找同义词时，你会想到如企业、公司及机构等，这样的词还有好多。企业意味着某些紧密、固化及坚硬。而我每次听到"公司"一词时都会害怕，它意味着严格、官僚主义及不可改变，就像熵死亡的阴影在附近徘徊。

然后，当你看到这些具有创新性的初创企业创新的速度，以及它们给旧企业带来的破坏性时，你就会开始理解什么能让企业被那个阴影所吞没。公司必须和其内部的网络联系起来，理解如何让它们流动起来，并避免成为死板的公司结构，那样的结构就像死死盯着迎面驶来车辆的灯的鹿一样被撞倒。

用网络对抗网络

美军将军斯坦利·麦克里斯特尔（Stanley McChrystal）和中东有着源远流长的关系。他参与了"沙漠之盾"和"沙漠风暴"行动，在 2009 年和 2010 年担任驻阿富汗司令官，并且在 2003 年到 2008 年期间担任联合特种作战司令部指挥官。2010 年，在《滚石》（Rolling Stone）杂志刊登了一篇题为《逃跑将军》（The Running Away General）的文章后，他被迫递交了辞呈。美国的政治家并不欣赏这位直率、坦诚并受到文章批评的将军，这位将军只好成为了替罪羊。

今天，斯坦利·麦克里斯特尔正在帮助企业理解为什么网络如此重要，以及为什么以前的结构不再有用。为了做到这些，他成立了一家名为麦克里斯特尔小组的咨询公司。

他的核心理念是基于他在伊拉克及阿富汗参战时，试图使用旧有的军事结构对抗恐怖主义时的失败中所吸取的教训，当时他的对手不是一个结构，而是一个网络。

美国军队曾和与自己相似的军事结构对抗。通常，战争主要发生在集权式和等级化的结构中，伴随着军事控制、命令和严格的纪律。这种方式在两次世界大战甚至冷战时期很有效果。但在对抗如恐怖主义网络这样的敌人时却失败了。

麦克里斯特尔在血泪教训中学到了这些，用他自己的话说："在伊拉克和阿富汗痛苦而血腥的战斗中，我和其他许多人都很清晰地认识到，为了战胜一个网络化的敌人，我们自己也必须成为网络。"

于是这成为了他信条的核心："需要用网络来战胜网络。"

正如麦克里斯特尔所描述的，在伊拉克，基地组织成员不需要等待其上级的信息，很少会有来自本·拉登的直接命令。尽管抉择并没得以集中，但会很快做出，并横向传给整个组织。他描述说，和这些敌人的战斗就像在不断变化、经常不可辨识的结构之间跳一支致命的舞蹈。

麦克里斯特尔试图将老式的军事结构变成一个网络来满足其军队执行任务："我们必须指出一种既能保持我们传统专业及技术能力，同时又能获得只有在网络中才能提供的知识、速度、精确度及协调一致等能力。"

那篇《滚石》杂志的文章出来得太早了。麦克里斯特尔的辞职使得他将美国军事体系转变成完全成熟的网络型并能够更好应对这种新型敌人的努力化为泡影。他也许不是第一个看到这种转变策略需求的军事指挥官，但他却是第一个如此清晰地定义这种需求的人。

企业智能化生存的黄金准则

正如我们前面所说的，我们现在所看到的根本性的转变就是市场正变成网络。消费者构成了智能网络的核心，而以前关于市场的概念不再有用。我们必须学习如何与消费者产生联系，如何影响信息网络并理解网络行为的动态。

这些规则对于我们看待组织进化的方式有着巨大的影响。这里所发生的核心动力学很简单：随着外部世界越来越像网络一样行动，公司内部也将必须像网络一样行动（如图8-5所示）。

图8-5 公司需要像网络一样行动

我相信这是公司如今所面对的最重要的挑战。当我写《新常态》一书的时候，我曾相信数字技术的到来以及科技飞速进步的现实正成为常态，这都是对公司的叫醒电话,警示它们需要注意随着数字通信技术的井喷,一个必须与消费者以一种不同的方式进行联系的时代正在到来。

但现在我认为,数字技术仅仅是开胃菜,而新常态也仅仅是网络时代的基础,新时代应该是一个关于商业战略的思考发生更加根本性的转变的时代,那时,公司必须面对通过它们的商业、市场及劳动力相互影响的网络行为。

在商业世界里,神圣的三位一体是公司的商业(B)、市场(M)与劳动力(W)的结合。BMW三个元素之间的相互联系决定了一家公司的行动、成长和进化(如图8-6所示)。

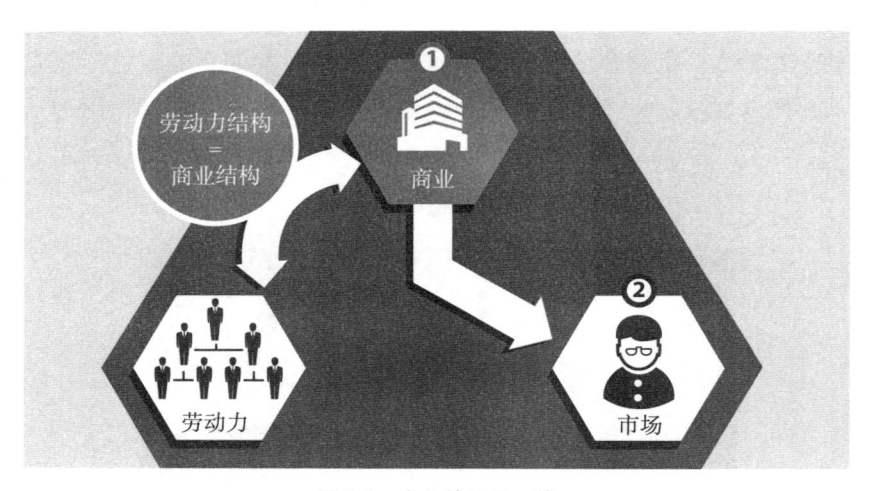

图8-6 企业的三位一体

在旧常态下,一家公司通常靠由内及外的方法驱动自己的商业战略。它们为征服或改变市场而制定战略,并推断出为了让这一切发生将需要什么样的供应,然后规划将其投放到市场中,以弄清楚哪一部分目标消费者会接受它们。应用到劳动力上面的结构通常反映出组织的商业架构。员工应招到岗并效仿公司的业务单元和部门对其进行培训(如图8-7所示)。

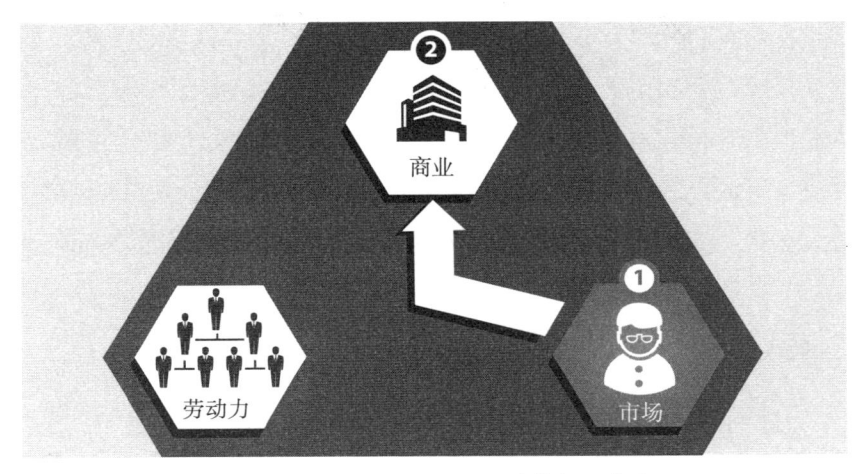

图 8-7 旧常态下 BMW 三元素的相互联系

随着网络时代的来临，这种模式发生了彻底变化。随着消费者互相之间联系更加紧密并比以往更有力量，之前的局面翻转过来了。当市场成为网络时，公司必须清楚如何为这些新近赋权的消费者调整自己的商业模式，并学会借鉴赋权消费者的形式——网络（如图 8-8 所示）。

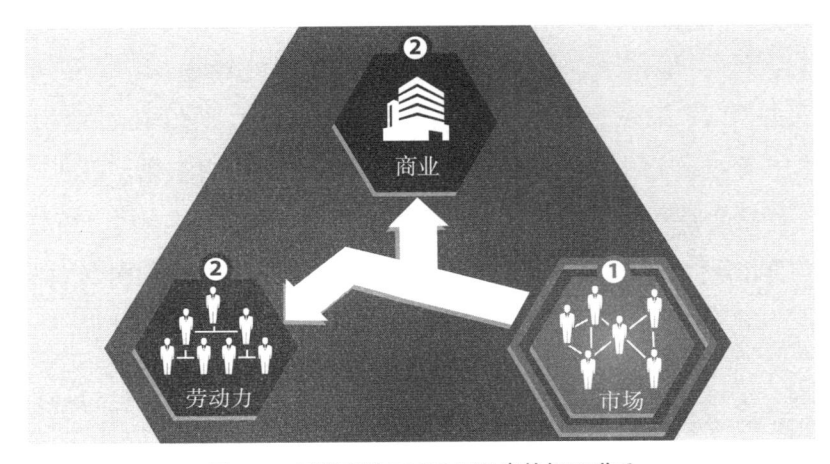

图 8-8 网络时代 BMW 三元素的相互联系

这也将对我们组织劳动力的方式产生巨大影响。当"使用网络来服务网络"的黄金规则被广泛应用后，这就意味着我们旧有的官僚结构将不再高效。由于这种结构仍将在组织僵化的部分中发挥作用，因此它不会完全消失。但在那些市场转变并成为网络后，过去僵化的组织结构就不会再有效。因为在那些网络中，流动性成为常规，想要继续创新的组织势必也要转变成为网络（如图 8-9 所示）。

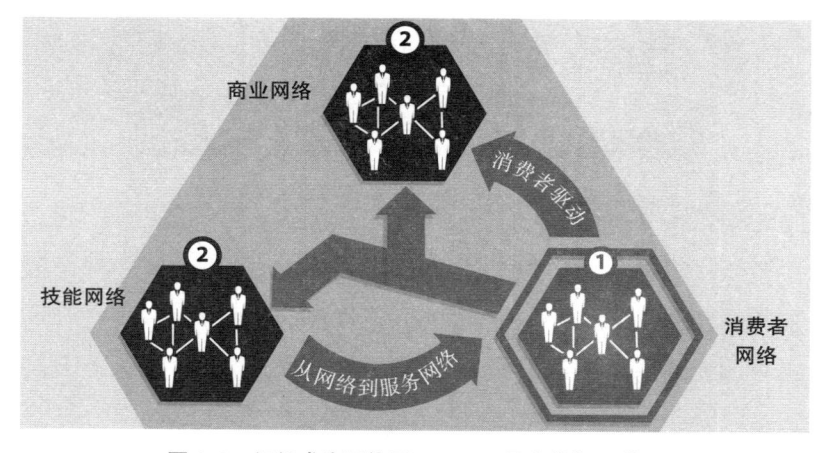

图 8-9 组织成为网络后 BMW 三元素的相互联系

当我们试着将这些转变标记下来时，全景就变得清晰可见了。市场正转变成为信息的网络，服务于消费者网络（如图 8-10 所示）。组织中的劳动力也必须明白结构式等级制度的含义和局限，并为了生存下去而采用技能网络的观念。最终，基于网络的思维将允许公司快速地重新思考自己的角色定位，分析其核心供应，并与合作伙伴和供应商一起工作，最终让自身成为一个商业网络（如图 8-11 所示）。

此时，公司将不再足够智能、不再足够迅速，或远远不具备足够的创新力来赖以生存。众多的公司已经开始意识到网络合作的价值。这就像丰田汽车公司与微软合作开发了一个软件平台来处理电动能源汽车的信息系统；可口可乐公司和亨氏食品公司合作生产了一种用100%植物做成的瓶子；美国运通公司（American Express）和Foursquare公司合作向参与的商家提供基于物理定位的优惠。还有阿斯利康公司（AstraZeneca）在一个促进研究的合作平台上为用户提供了一个便捷的途径，供用户查询其有关临床化合物的藏书。

图8-10 利用网络来服务网络

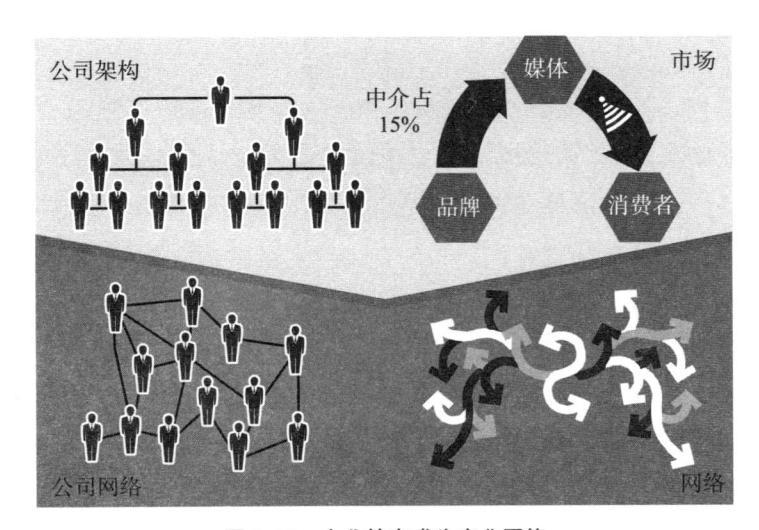

图8-11 企业转变成为商业网络

飞利浦公司甚至与不同行业中的许多公司进行大量的合作。例如，它和妮维雅公司一起发明了含有护发素配方的剃须刀，和巴斯夫公司（BASF）公司在太阳能车顶上展开合作，和罗金公司（Aerogen）合作开发面向呼吸困难患者的无创通气系统。

另一个伟大的例子是阳光动力号（Solar Impulse）的合作团队，其中包括欧米茄手表公司（Omega）、迅达公司（Schindler）及德意志银行（Deutsche Bank），它们于2004年在一起合作，并在索尔维公司（Solvay）的领导下共同建造了历史上第一架不使用化石燃料而昼夜兼程飞行的飞机。

企业商业模式的颠覆性浪潮

在接下来的几年里，伴着VUCA对世界商业的全力冲击，我们将会看到有关企业商业模式的颠覆性浪潮，这股浪潮将重塑整个市场及营销系统。当网络行为的规则彻底颠覆了我们对市场动态的理解时，我们将会看到那些存活下来的公司，将是那些已经理解并彻底反思自己组织结构必要性的公司。

每当理论发生激烈的转变时，无论是在科学、文化或者哲学领域，盛行的趋势就是拒绝相信这种新思维，这仅仅是因为这与以前彻底地不同。这会给予新观念背后的那些富有创造力的智者巨大的挫败。例如，路德维格·玻尔兹曼（Ludwig Boltzmann）出生于1844年，是一位来自奥地利的伟大科学家和哲学家，同时也是全新的热动力学领域的一位关键人物。

玻尔兹曼天赋异禀，继承自己老师约瑟夫·斯坦藩（Joseph Stefan）的衣钵，成为了维也纳大学的理论物理学教授，负责教授物理和哲学。玻尔兹曼是一位伟大的老师，他教授的自然哲学课程极负吸引力。他的第一堂课相当成功，即使是在学校里最大的讲堂授课，人们还是挤满了过道楼梯。奥地利皇帝也因其盛名而邀请他到皇宫会谈。然而，玻尔兹曼在科学领域的同事却对他没那么大的热情。他是世界上著名的热力学第二定律（即熵理论）的提出者，这要归功于他的统计力学背景。他的观点和当时盛行的观点相去甚远，当时对他的攻击评论也是相当激烈的。

实际上，玻尔兹曼决定成为一名哲学家就是为了驳斥那些从哲学层面对他的物理理论提出的异议。但不久他便对来自自己同事的批判而感到沮丧。1906年9月5日，当他和他的妻子及女儿在里雅斯特附近的杜伊诺度暑假时，他在一场令他倍感绝望的抨击后上吊自杀了。之后他被葬在维也纳的中央公墓，他的墓碑上这样写道：

$$S=k \cdot \log W$$

这里的S代表了熵。

在玻尔兹曼去世100多年后，熵的概念依然让人们着迷。

我们已经很清晰地了解了熵在科学中所扮演的角色，而且我相信熵在我们发展组织以及看待市场的方式中也扮演了重要的角色。当公司成长时，其内部进行创新以及继续存活下去的能力似乎在减小。许多大公司好像还朝着熵死亡前进。

当市场成为网络，新的规则就会上演。新的理论将会被开发出来，新的概念也将会出现。商业能再一次从科学的视角去看待系统这些新的方法中学到许多东西。伊利亚·普里高津是自组织系统科学的奠基者。他能将自己在化学方面的工作和生物及社会学领域联系起来。他的工作被许多人看作自然科学和社会科学的桥梁。还是这些桥梁在适应激进型新现实方面非常有用。

今天，我们将会在商业的世界中看到类似的概念。当市场成为网络，公司也必须成为网络。尤其是无尺度网络，它不像上下的等级制度，而是在由下到上的相互作用中出现，并在尺度上毫无限制。

在网络时代，我们必须理解到有比将公司变成上下级官僚制度更重要的模式。在网络时代，我们必须理解组织的热动力学。

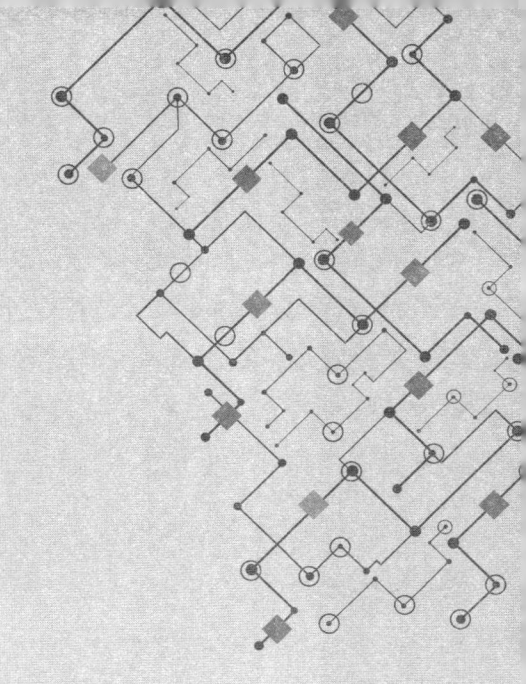

后 记

万物互联时代的到来

企业最大的挑战不是来自外部世界,而是来自企业内部的变革,以期赶上外部快速变化的趋势。然而,打破长年已形成的、层级化管控机制真不是件容易的事。

> 在未来，公司将会以我们目前所不了解的方式继续存在下去。组织的主要作用体现在其是组织者，而不是雇主。往往最具生产力和高收益的组织是松散的、合伙型的。
>
> 彼得·德鲁克（Peter F. Drucker）

来自无人驾驶的启示

2008年，我有幸在伦敦商学院有过一段教学经历。我非常享受在学校的时光，尽管我不是一名教师。的确，我差得很远。当我从大学计算机专业毕业时，我的成绩班里是排名靠后的。班里几名学霸后来在学术研究上都有着很高的造诣。我当时别无选择，只能去创业。

首先也是最重要的，我是一名创业者，我把我的青春年华都花在了培育和发展三家技术型初创企业上了。作为一名创业者，看着自己的企业创立、衰落、挣扎然后重生，这就像父母看待自己的孩子一样，当它们成熟并有了一个很好的未来时，你自己会非常自豪。这三家企业有的被成功收购，有的成功上市迈上了更大的平台。当我激动地讲述自己的创业故事，或者与大家分享我成功的喜悦时，那种感觉无与伦比。

这些经历让我不再是一名空想者，这也可能是伦敦商学院邀请我的原因。我在学校最喜欢上的课程是企业高管课程，这能让我接触到来自世界各地的企业高管，他们是来参加一个为期四周的智慧激发和战略反思课程的。他们向罗布·戈菲（Rob Goffee）学习领导力，向克斯塔·马凯德蒂（Costas Markides）学习战略，跟我一起探讨科技与创新。

几年前，在一次讲座中，我为一些保险业的高管们设计了去硅谷的游学。我们把这次游学设计为旋风之旅，让他们参观当时最热门的科技公司及初创企业，然后我们在谷歌公司度过了一整天。我们有机会考察了谷歌的X实验室，即谷歌的研究和创新实验室，当时它刚刚揭开无人驾驶的面纱。

那些保险高管看得目瞪口呆。坐在一辆无人驾驶汽车里，从谷歌总部园区开往旧金山是件令人毛骨悚然且莫名兴奋的事情，你的安全有赖于塞巴斯蒂安·特伦（Sebastian Thrun）的一个程序。那些高管们开始窃窃私语，脸色也变得有些苍白，因为他们的公司在汽车保险上有很大的利润。我猜想他们在思考："我们到底要怎样才能为一辆无人驾驶的汽车上保险？"但是，这些高管最有意思的问题却是："你们这群家伙为什么要做这些研究？谷歌是一家搜索引擎公司，搞得什么名堂呀！为什么不是梅赛德斯或宝马在进行这项研究？"谷歌研究和创新实验室的人员面无表情地回答道："嗯。汽车公司来自机械时代，他们只考虑石油、活塞和变速箱。我们来自信息时代，我们将其看成一项信息挑战。"

后 记
万物互联时代的到来

我将这个故事讲给一位来自农业设备生产巨头的高管听。他好像对这项技术不是很感兴趣，因为他不认为数字世界能在多大程度上影响他的生意。他的态度是："我不会因为 Twitter 而能卖出更多的联合收割机。"在这点上，他是正确的。但当我告诉他谷歌无人驾驶汽车时，他就变得非常感兴趣了。

一年后，我在一场校友聚会中又碰到了他。他向我走来并很热情地述说着自己公司的变化。关于无人驾驶汽车的谈论结束后，他开始意识到他们能够变革这个行业。

如果收割机能够不用农民而全天候驾驶时，会发生什么变化呢？汽车中使用了非常先进的东西，并且他们的工程师毫不费力就能让机器之间进行通信并合作工作。因为在田地里导航比往返于金门大桥容易多了。很快，他们实验并运行了自动拖拉机、运输车、拖车和联合收割机，以能够让无人机收割一整片的玉米。

那时，他是无比兴奋的："与其向农民销售这些机器，倒不如我们使用成群的收割机在农场收割庄稼，并把它作为一项服务提供。"他的公司自从这些机器发明出来之后，就一直在销售它们。现在他意识到未来将会是向农业界提供服务，并随着季节变化在不同地区迁移。

正如谷歌 X 实验室的人对其项目的说明一样，众多汽车公司不是在信息时代建立的。实际上，有一些相当"老派"的汽车公司也能够意识数据的颠覆性力量。例如，福特公司正和州立农业保险公司（State Farm）合作开发一种分析人们驾驶习惯的车载系统。结成伙伴的目的是用一种更智能更专属的方法来计算保险费用。换句话说，公司可以利用数据为消费者提供更好的服务。

万物的网络

在"网络常胜"这个想法背后首先受到影响的领域并不是人类网络,而是建立在各种事物之间的网络。

前段时间,我们开始讨论物联网,越来越多的设备通过它相互联结。思科公司预计,到 2020 年,会有超过 500 亿的设备在这个星球上实现联网,这意味着每个人拥有超过 10 个设备。传感技术的成本在急剧下降,芯片的费用如雪崩般下跌。到那时,我们将拥有可以信赖的网络。这些网络不仅仅可以用来在人类之间发送邮件、更新 Facebook 或分享图片,甚至可以在物物之间开始互相交流。

而且不仅仅是物体。奶牛也一样。我们未曾想过,这个星球上最聪明的动物,正在迅速地互相联系起来。像丹麦的养殖农场已经为奶牛们配备了传感器和联网功能,这样农民们就可以跟踪它们的食物摄入并优化牛奶产量。联网的奶牛是地球上最有效的牛奶生产者。

与此同时,一些公司(如飞利浦公司)正积极投身到从保健到灯具的产业重组中,并让自己的所有产品能够联网。灯柱已经成为网络的一个活动节点并能够监控交通、犯罪或事故。很快,你家里的所有灯泡都会有一个 IP 地址并成为网络的一部分,这将允许你通过智能手机来开灯。飞利浦公司最近还引进了一种内置化学传感器的联网牙刷,这样就能通过手机链接健康数据库。

你的家将会充满各种监控、链接和信息交换。你的设备将会听从电网指令,然后知道在什么时候打开最经济。你的冰箱将会在你离开家很长时间后自动断电。你的洗衣机将会在夜晚分析完你的互联设备和电力供应后,自动开始洗衣服。

后记
万物互联时代的到来

你的汽车将实时向保险公司提供数据。我们将会见证实时的、基于利用率的保险时代的到来，那时汽车或自行车只有在你使用它们时才投保。每当你将车开出车库，汽车和保险公司就开始根据你前往超市的路径进行激烈的讨价还价，然后得出最优化的保险协议。而你甚至都不会知道这一切的发生。

这些就是万物互联时代的真实写照，那时世间万物都是互联的。我们将会住在联网的房子里，生活在智慧城市中，活动在互联区域中。

而这些对某些人来说是相当恐怖的，他们认为这会导致巨大的损失。1965年发生在美国东北部的停电是历史上最糟糕的事情，造成这一切的正是我们对电力的依赖。某一节点的过载引起了电网中一级一级层叠的故障。大纽约区超过3 000万的人口在没有电力的情况下度过了13个小时。

我们越来越受制于机器，被算法所掌控，并被智能物联网玩弄于股掌。

众所周知，飞机不需要飞行员人为操控就可以进行起降，也几乎不会发生什么悲惨的事故。无人驾驶的汽车比有人驾驶的更加可靠、更经济和更安全。那么，被智能物联网所支配就很糟糕么？

凯文·凯利（Kevin Kelly）是一位伟大的科技哲学家，他也是《连线》杂志的创始人之一。1993年，该杂志一度成为所有数字化领域的核心刊物。如今凯文已经不是《连线》杂志的主编，但当问到"什么是科技"这个看似简单的问题时，凯文·凯利给出的答案让我们大为吃惊。我们中的大多数人会认为，这个答案无非是"科技是推动我们人类不断发展进步的发明、创新及创造的综合体"。凯利却对这一观点表示了质疑："为什么不能说科技是载体，而我们人类只是推动科技进步的仆人呢？"对凯利来说，我们人类仅仅是在科技进步过程之中推了一把。人们习惯性地认为是我们发明了科技，但在凯文·凯利看来，科技在利用人类到达下一个等级。科技是载体，是自然之力，而不是人类脑力劳动的产物。

英国著名科幻小说家道格拉斯·亚当斯（Douglas Adams）非常认同凯利的观点。在亚当斯的文学作品中，他将地球描述为"终极计算机"，而我们人类只是这台巨型有机电脑中的一部分，只有这台电脑才能计算出"关于生命、宇宙及万物"的答案。

我确信，我们将会看到越来越多由科幻作品和好莱坞大片所展现出来的、非乌托邦式的未来，那些场景告诉我们进入智能时代后，世间万物将会变得很糟糕。我几乎想象不出当人工智能遇上互联世界时会发生什么，而我们人类都不知道自己的网络会发生什么样的动荡——当智能交通指挥灯开始和无人驾驶汽车进行交流，或当成群的收割机经过田野，而上面放养着高度互联的奶牛。如果道格拉斯·亚当斯还健在，也许会在《银河系漫游指南》（*The Hitchhiker's Guide to the Galaxy*）之后再写出一本完美的非虚构巨著出来。

流向未来

一旦我们离开新常态，进入到智能时代，最根本的不同是信息流动起来了，我们必须弄明白如何利用这种流动。在我看来，这将会是组织所面对的最大挑战：理解其模式并建立起对无数网络中不停流动、持续变化和不断跳动的信息的了解。

流动性将成为决定组织商业成败的基本要素：顾客的行为充满流动，创新在组织内部流动，以及价值、知识和内涵的流动。

我们已经见证了市场成为网络。市场上的这种流动性、某一市场变化的速度以及不停流动的信息正是推动市场转变成为网络的动力，而且一天比一天更强大。公司已经面临着从传统营销方式向学习如何影响网络的转换。

公司最大的挑战不是来自外部世界，而是来自为赶上外部潮流而在组织内部发生的动态变化。解冻老旧的命令和控制等级制度并不是件容易的事。

加里·哈默尔（Gary Hamel）也是伦敦商学院教授企业高管课程的老师。我认为他对该门课程的一些思考很有价值。他说，现在大多数公司已经被官僚制度过度控制了，为了在今天动荡的环境中生存，组织必须进行以下的改变：

- 部门瘦身；
- 管理简化；
- 减少编制；
- 减少层级；
- 简化流程。

组织中的这些变化对生存至关重要。据哈默尔说，这种变化将是多方面的、不间断的、惊人的以及革命性的。

将公司变得流动起来需要真正的领导力。这将需要具备远见和勇气，而且只有真正的改革者才能够领导公司步入智能时代。

迄今为止，我们还没有完全了解互联网世界，但我们已经知道它的大致轮廓。但有一点是很肯定的，那就是来自工业革命时代的技术已经走到了尽头。

最近，哈佛大学变革管理方面的权威约翰·科特（John Kotter）和他的同事肯·帕尔曼（Ken Perlman）在《福布斯》杂志上发表的一篇文章中讨论了极富知识的网络人时代的到来。

他们将这个新分类的网络人定义为具有广泛兴趣和联结能力的综合性知识员工。他们无须对每一碎片知识了解太多，就知道如何将它们拼到一起。实际上，他们认识很多人并有很多的信息来源。

依据科特和帕尔曼的观点，一个组织必须演变成为网络中的网络，即组织内人们互相联系并在需要时能够获得各种知识。全由知识员工组成的组织将会继续存在下去，但它们运营的方式将会发生变化。而一些组织注定要失败，只是因为其员工在内部没有网络化，从而阻碍彼此间去分享不断进步的知识。

这点对所有的公司都非常重要，即使你是一家流动的初创企业。谷歌公司已经在开始努力保持其组织内部的流动性。最近几年，谷歌公司创建了人力和创新实验室（People & Innovation Lab，PiLab），聘请了社会学家来研究其组织进化。这些科学家通过研究与实验，试图找到管理扩张企业的最好办法。

在人力和创新实验室早期的研究中，他们发现中层管理人员所起的作用实际上非常重要，这推翻了谷歌创始人拉里·佩奇和谢尔盖·布林的假设。他们两人认为，在没有人作为其他人领导的情况下，你也可以运营好一家公司。

我并不是说，你应该抛弃所有的组织架构，只是单纯地依靠网络混沌来运营你的公司。我的意思是，当公司理解了其内部三位一体网络的不同角色功能后，它们就能保证创新网络、社交网络和结构网络能够协同发展并推动公司的战略演化。大部分巨头公司应该去做的第一件事就是重新发现他们隐藏的创新网络并释放自己的潜力。

众多企业管理者开始意识到，源自工业革命时代的结构、机制和策略并不能帮助他们在智能时代赢得员工或顾客的心。换句话说，存在一种很强大的干扰力。也许我们能做的、最可行的方法就是非常仔细地倾听下一代的心声。这就是我决定将这本书拿给我的孩子们看的原因，他们教会我站在他们的角度来看待这个网络世界。

下一代人已天生具备网络基因，他们是成长在维基百科和 YouTube 视频中的成员，他们已经学会在 Facebook、Tumblr 和 Instagram 的网络中生存。他们非常精通复制和粘贴，并遭受着局部注意力综合征的折磨。但更为重要的是，他们已经体会到，自己和网络结合得越多，自身就会越有价值，同时网络就会有更多的财富赋予他们。

对于仍身处工业时代巨头公司中的任何人来说，我希望他们能尽最大努力为自己的公司、组织架构松绑，而且，最重要的是解放自己的思维定式。

请谨记我们将去往的世界，那里网络常胜。

北京阅想时代文化发展有限责任公司为中国人民大学出版社有限公司下属的商业新知事业部，致力于经管类优秀出版物（外版书为主）的策划及出版，主要涉及经济管理、金融、投资理财、心理学、成功励志、生活等出版领域，下设"阅想·商业""阅想·财富""阅想·新知""阅想·心理""阅想·生活"以及"阅想·人文"等多条产品线。致力于为国内商业人士提供涵盖先进、前沿的管理理念和思想的专业类图书和趋势类图书，同时也为满足商业人士的内心诉求，打造一系列提倡心理和生活健康的心理学图书和生活管理类图书。

阅想·商业

《AI：人工智能的本质与未来》
- 一部人工智能进化史。
- 集人工智能领域顶级大牛、思维与机器研究领域最杰出的哲学家多年研究之大成。
- 关于人工智能的本质和未来更清晰、简明、切合实际的论述。

《未来生机：自然、科技与人类的模拟与共生》
- 从Google到Zoogle，关于自然、科技与人类"三体"博弈的超现实畅想和未来进化史。
- 中国科普作家协会科幻创作社群——未来事务管理局、北京科普作家协会副秘书长陈晓东、北师大教授、科幻作家吴岩倾情推荐。

《基因泰克：生物技术王国的匠心传奇》
- 生物技术产业开山鼻祖与领跑者——基因泰克官方唯一授权传记。
- 精彩再现基因泰克从默默无闻到走上巅峰的跌宕起伏的神奇历程。
- 本书有很多精彩的访谈节选，与故事叙述相辅相成，相得益彰。写作收放自如，既有深入的描写，又有独到的总结，生动地描写了高新技术企业创业时期的困惑与愉悦。

Peter Hinssen

The Network Always Wins : How to Influence Customers, Stay Relevant, and Transform Your Organization to Move Faster than the Market

ISBN: 978-0-07-184871-8

Copyright © 2015 by Peter Hinssen

All Rights reserved. No part of this publication may be reproduced or transmitted in any form or by any means, electronic or mechanical, including without limitation photocopying, recording, taping, or any database, information or retrieval system without the prior written permission of the publisher.

This authorized Chinese translation edition is jointly published by McGraw-Hill Education and China Renmin University Press .This edition is authorized for sale in the People's Republic of China only, excluding Hong Kong, Macao SAR and Taiwan.

Copyright © 2017 by McGraw-Hill Education and China Renmin University Press.

未经出版人事先书面许可，对本出版物的任何部分不得以任何方式或途径复制或传播，包括但不限于复印、录制、录音，或通过任何数据库、信息或可检索的系统。

本授权中文简体字翻译版由麦格劳—希尔（亚洲）教育出版公司和中国人民大学出版社合作出版。此版本经授权仅限在中华人民共和国境内（不包括香港特别行政区、澳门特别行政区和台湾地区）销售。

版权 © 2017 由麦格劳—希尔（亚洲）教育出版公司与中国人民大学出版社所有。

本书封面贴有麦格劳—希尔公司防伪标签，无标签者不得销售。

版权所有，侵权必究。